新财经改革研究系列丛书

U0656868

Statistical Research of Structured Asset Bubbles

结构性资产泡沫的统计研究

黄孝祥 著

东北财经大学出版社
Dongbei University of Finance & Economics Press
大连

图书在版编目（CIP）数据

结构性资产泡沫的统计研究 / 黄孝祥著. —大连：东北财经大学出版社，2024.9. —（新财经改革研究系列丛书）. —ISBN 978-7-5654-5370-0

Ⅰ.F832.51

中国国家版本馆CIP数据核字第2024HQ5902号

东北财经大学出版社出版发行

大连市黑石礁尖山街217号　邮政编码　116025

网　　址：http://www.dufep.cn

读者信箱：dufep@dufe.edu.cn

大连永盛印业有限公司印刷

幅面尺寸：170mm×240mm　字数：178千字　印张：15　插页：1

2024年9月第1版　　2024年9月第1次印刷

责任编辑：时　博　　　　责任校对：赵　楠

封面设计：张智波　　　　版式设计：原　皓

定价：75.00元

本书获得湖北经济学院学术专著出版基金资助

前　言

　　经济增长、通货膨胀、货币供给数量之间的关系一直是各国政府、中央银行和经济学者们密切关注的重大宏观经济问题。在早期经济理论中，弗里德曼提出的现代货币数量理论不仅揭示了这三者之间的关系，而且还对传统的货币数量方程赋予新的解释，由此成为经济学的经典理论。然而，自布雷顿森林体系崩溃以后，尤其是自20世纪80年代以来，伴随着经济全球化、金融自由化、资产证券化以及金融创新的日新月异，泡沫经济以更频繁和更广泛的形式在现实中呈现，引发了频繁和严重的金融危机。因此，将作为货币现象之一的泡沫经济纳入统一的货币数量理论来研究，不仅是对宏观经济相关理论的完善，更是我们制定货币政策、保障经济稳定运行的现实需要。

　　本书在对泡沫经济相关文献进行系统性梳理的基础上，结合对历史事件的回顾，发现泡沫经济最明显的特征是利用一定的金融手段使社会资金向某一类资产市场集中而引起该类资产价格的过度膨胀，与通货膨胀相比，它是一个结构性特征更为突出的经济现象。为了将泡沫经济纳入统一的货币数量理论并凸显其结构性特征，我们以传统的货币数量方程为切入点,通过对货币数量方程的扩展来实现泡沫经济研究的结构化,并借助物理学中的万有引力定律来构建资金流动的吸引力均衡模型,同时结合行为金融学中的非均衡性,从理论与实践两方面来探讨促发结构性资产泡沫的驱动因素、生成机理及统计测度。在此基础上,依据相关的统计理论与方法,从建模方法的角度探讨了结构性资产泡沫的统计监测体系与相应的预警系统的构建,并以我国相关实际数据为样本,构建了我国结构性资产泡沫的统计监测体系与预警模型,为识别我国泡沫经济的程度以及及时采取相应的对策措施提供了一个有效参考工具。

全书由7章组成。

第1章为导论。从整体上对本书的主要研究背景、研究意义、总体分析框架和主要内容以及创新与不足进行介绍。

第2章为文献综述。

第3章为泡沫经济与结构性资产泡沫。

第4章为结构性资产泡沫与资金流向。

第5章为结构性资产泡沫的统计监测与预警。

第6章为我国的实证分析。

第7章为结论与展望。

经研究,我们得出如下基本结论:(1)在现代"二元经济"(现代发达的虚拟经济与相对落后或产业空洞化的实体经济)结构下,传统的货币数量方程已不足以揭示货币供给量与经济增长和通货膨胀之间的数量关系,将独立资产交易的货币需求纳入交易方程式则可以实现对货币数量方程的扩展,扩展模型可以较好地揭示货币供给量与经济增长、通货膨胀、资产泡沫之间的复杂关系。(2)泡沫经济实质上是一个结构性资产泡沫问题,它是社会资产在一个特定时期内相对集中地向某一资产市场流入与流出的结果,即便货币总量不扩张,资金流动的非均衡性也可能促发结构性资产泡沫。(3)结构性资产泡沫的驱动因子是资产市场对资金的吸引力，而资金的吸引力又存在聚集效应，当资金吸引力因子的非均衡状态具有显著性特征时，结构性资产泡沫就会爆发，至于结构性资产泡沫的程度则取决于当时的货币政策与资金流向疏导性措施。(4)实证分析表明，我国结构性资产泡沫的变化情况可以根据市场吸引力的计算结果进行排位，吸引力大的市场资金流入也大，匹配率达到了82.22%，只要吸引力均衡被打破，市场结构性泡沫就会产生。对结构性资产泡沫的监测与预警显示股票市场的短期泡沫度明显，表现出高发性、持续性，并且投机性显著。而房地产市场短期泡沫几乎没有，但从长期来看，泡沫度明显且严重，对房地产泡沫的抑制已经刻不容缓。

本书在我的博士毕业论文基础上改写而成，在写作期间，我的导师李腊生教授给予了悉心的指导，在此特向他老人家表示最崇高的敬意和最衷心的感谢！这里还要感谢在我就读博士期间对论文提出诸多建设性意见的天津财经大学的肖红叶教授、白仲林教授、刘乐平教授、周国富教授、杨贵军教授、马薇教授、曹景林教授，他们在学术上的独到见解和建议，为本书的最后形成奠定了基础。还要感谢东北财经大学出版社的编辑认真审阅了全书的内容，并对本书进行了精心的编排。最后感谢所有关心、支持和帮助我的领导、亲友、师长、同事、同学和朋友们，是你们的热情和爱心支持着我，才使本书得以顺利完成。由于本人水平有限，书中不足和错误之处在所难免，恳切希望同行师长和专家不吝赐教，万分感激！

黄孝祥

2024年8月

目 录

1

导论

1.1   研究背景

在20世纪20年代，美国著名的古典经济学家费雪（1911）在《货币购买力》一书中提出了著名的现代货币数量理论的基石，即费雪交易方程式：MV = PT（其中 M、V、P、T 分别表示货币供给量、货币流通速度、商品价格水平、商品交易总量），用该方程来揭示既定的名义总收入下，货币量与价格的相互关系；此后剑桥学派的代表人物庇古（1917）依据货币需求原理对该方程进行改进，提出了著名的剑桥方程式：M = kPY（其中 M、P、Y 分别表示货币总需求、商品价格水平、社会总产出，k 为常数），改进了有关货币流通速度设定不变的缺陷。1956年，弗里德曼将货币数量方程进行了统一的表述，利用现代经济分析方法从货币需求的角度论证货币数量方程：MV = PY，提出了以该方程为基础的现代货币数量理论，该理论成为宏观经济分析与货币政策制定的有效工具之一。如20世纪60年代，我国的银行研究人员在对商品与货币的相关实际数据进行分析后发现，保持物价基本稳定的货币需求与总产出的关系符合1：8的经验公式，并且这一经验公式可以作为判断货币供给量是否恰当的比较实用的衡量标准。然而，在进入20世纪70年代以后，货币的交易功能发展出独立性，导致布雷顿森林体系出现了崩溃，西方世界经济普遍也出现了滞胀的局面，传统的菲利普斯曲线越来越难以正确揭示经济增长（失业率）与通货膨胀之间的关系。为了摆脱这种滞胀的困境，从20世纪80年代起，一个以经济全球化，资产证券化，世界金融自由化和金融创新日新月异为特征的浪潮掀起，这一浪潮在促进全球贸易的同时极大地激发了虚拟经济的发展，虚拟经济的快速发展与无边界的扩张不仅导致了金融市场出现严重的"脱媒"现象，而且使得金融危机愈来愈频繁发生。所谓的"脱媒"意指金融活动或金融交易完全脱离了它赖以生存的实体经济,资金运动表现出独立运行的特征,M 既与 Y 无关,也与 P 无关。一旦金融发展出现"脱媒",货币数量方程自然就遭到破坏,货币问题由此也不再单纯是货币供给量与通货膨胀的关系问题,而是更为复杂的关系问题。面对货币数量方程的失效,并结合现代经济运行的特点,一些学者依据货币数量交易方程的基本原理与规则,将经济交易从单一的产品交易扩展至产品交易与独立的货币交易,提出了扩展的货币数量交易方程,并依据扩展的货币数量交易方程探讨了货币供给与经济增长、通货膨胀、金融发展、泡沫经济的相互关系,提出了将泡沫经济纳入货币政策目标的政策主张。实际上,在现代经济运行中,泡沫经济至少是一个与通货膨胀同等重要的问题,但在早期并没有得到足够多的关注。但是值得注意的是,现实中的泡沫经济似乎从来都不是以所有类资产价格均显著高于它的价值的方式呈现,而往往是一类或少数几类资产出现了泡沫经济,而到底是哪类资产或哪几类资产出现泡沫,它实质上并不取决于货币供给总量,而是取决于资产结构和资金流向,因此,结构性资产泡沫问题的研究是一个比总量研究更有意义和更为现实的重大问题。

在早期的实证研究中,对货币供给增长率、经济增长率、通货膨胀率之间关系的研究与探讨,是很多国内外学者都一直在做的事,大量的结论显示,这三者之间并不是传统的货币数量方程所描述的正向关系,货币供给增长率与通货膨胀率之间有时候甚至呈现一种负相关关系。传统理论认为,消费者随着财富的增加使得消费增长,商品的投资成本下降,这时投资需求增大,这样总需求的增大使得通货膨胀压力变大。但是自从布雷顿森林体系崩溃以后,货币由金本位制向信用本位制转变,货币的流通需求越来越大,金融市场发展迅速,对应的泡沫经济接二连三地发生。20 世纪初美国发生的经济危机,20 世纪80年代日本发生的房产与土地的经济危机，20世纪90年代的亚洲金融危机等等，均显示在金融市场的资产价格上涨时，通货膨胀反而不那么明显，甚至产生通货紧缩现象。越来越多的事实和研究显示，商品价格相对稳定和呈下降趋势往往意味着资产价格的上涨。现代经济中，交易数据已经很明显地显示，资产市场发展快速，所占整个经济的比重越来越大，货币供给的方向不再仅仅是商品市场一个部门，而是有很大的比例流入到资产市场。而传统的货币数量方程是针对单一商品市场部门的，在商品市场为唯一货币需求的前提下，这一理论自然能成立，如在金本位或金汇兑本位（布雷顿森林体系）下，这一理论就没有遭到破坏。可是，信用货币制度的建立，却严重地动摇了它的根基，虚拟经济部门的发展壮大导致了经济发展格局的"二元结构"（现代发达的虚拟经济与相对落后或产业空洞化的实体经济）特征愈来愈明显，传统的货币数量方程自然由此变得愈来愈不适用，因为传统货币数量方程根本就没有包含虚拟市场这一部门。当然，导致货币数量方程失效或者说与现代经济发展现象不一致的原因并不是构建方程的思想出现了问题，而是因为现在的经济发展趋势、经济统计理论方法、货币制度、市场结构与理论内涵不一致，对于传统货币数量方程的更进一步完善便成为当下经济理论的一个主要任务。

在我国经济体制运行的实践中，计划经济体制实施在1978年以前，它不存在自愿交易，自然就谈不上是基于货币数量理论的实践。之后在改革开放初期，计划经济体制因为其不符合社会的发展而被逐渐取缔，但市场经济制度并未建立起来。直到1992年，邓小平南方谈话后，中国开始了真正意义上的对市场经济的建设，并让一些领域的经济活动依照市场经济体制运行。21世纪初叶，我国的市场经济体制初步形成。总结我国改革开放后的宏观经济运行状况后不难看出，其经济运行格局经历了由高增长高通胀向高增长低通胀的转变，显然这

种转变与我国虚拟经济部门的飞速发展及金融创新突飞猛进有关。在
1990年11月，中国二级股票市场成立，深圳证券交易所、上海证券交
易所的相继挂牌，开启了我国金融市场建设与发展的序幕，股权市场、
债券市场，甚至债券期货市场（试点性质，后在1995年关闭）相继形
成。1998年的房改，确立了住房的资产性地位，房地产市场形成。进
入新世纪后，各类资产市场迅速发展，金融创新更为活跃，现已形成
包括期货、期权、债券在内各种衍生品市场。我国各类资产市场的形
成及其快速发展，从根本上改变了我国的宏观经济结构，虚拟经济的
地位凸显。在虚拟经济地位不断提高的过程中，相继出现两个必须引
起特别关注的问题，一是经济活动表现出的"重虚脱实"倾向，二是
资产泡沫。当然这两个问题是相互关联的，资产泡沫的产生意味着它
能给投资者提供更高的回报，高回报形成对社会资源的聚集，当社会
资源更多地向虚拟经济部门聚集时，就产生了"重虚脱实"倾向。反
之，如果社会经济存在"重虚脱实"倾向，意味着社会资源会更多地
向虚拟经济部门聚集，尤其是当社会资源向某一类资产聚集时，就会
出现"较少的资产被过多的货币追逐"，从而引发资产泡沫。问题是，
在社会经济存在"重虚脱实"倾向的前提下，社会资源会更多地向哪
一类或哪几类资产聚集，不同类资产之间又存在什么关系以及其中的
机理是什么？这些重大理论与现实问题目前都摆在了我们面前。

虽说通货膨胀与泡沫经济都是价格问题，一个是产品市场的价
格，另一个是资产市场的价格，但由于现行的统计制度的重心在产品
市场的核算中，对资产市场的经济活动没能完全纳入统一的国民经济
核算体系，从而致使产品市场的价格与资产市场的价格问题被割裂。
实际上，从市场交易以及货币的支付手段属性上看，通货膨胀与泡沫
经济是可能被统一到同一理论框架中的，而一旦通货膨胀与泡沫经济
被统一到同一理论分析框架，相比统一的宏观价格研究，对其结构性

问题的研究可能更为重要。本书正是基于这一思想，借鉴货币交易方程式的内核，通过对市场交易范围和交易产品性质的拓展，试图将通货膨胀与泡沫经济在现行的统计制度下统一到同一货币数量理论框架中，实现对货币数量方程式的扩展。在此基础上来探讨通货膨胀与泡沫经济的关系，并重点讨论泡沫经济中结构性泡沫的生成、识别、测度、监测乃至预警等问题。

1.2　研究意义

货币供给、经济增长、通货膨胀等是各国中央银行密切关注的重大的宏观经济变量或宏观经济问题，也是我国中央银行货币政策目标的标的，货币数量理论不仅揭示了它们之间的相互关系，而且也为中央银行制定相应的宏观经济政策，尤其是货币政策提供了相应的数量界面。然而，布雷顿森林体系崩溃后，信用货币制度的建立使得经济人在价值评价过程中缺乏客观度量标准，信息不对称加上行为人偏好的异质性导致同一资产的价值判断难以统一，资本的逐利特征以及投资者的从众行为使得市场套利失效，在一些特定的情况下表现出"劣币驱逐良币"的现象。而当噪声交易者在信息交易者的引导下出现预期错误方向越来越一致时，社会资源便会向同一资产集中，从而使该资产价格表现出持续的上涨，最终形成明显的泡沫经济。显然，泡沫经济是一种货币现象，它是在一定时期内过多的货币追逐过少资产的结果。然而，作为一种货币现象，它却没能被纳入货币数量理论中，因此，将泡沫经济纳入统一的货币数量理论，不仅是对宏观经济相关理论的完善，而且更是我们制定货币政策、保障经济稳定运行的依据。

在实践中，市场失灵的现实给予了政府干预经济活动的合理理由，各国政府或央行频繁采用货币政策来干预经济，一旦货币政策成为央行干预经济的工具，政府发展经济的内在冲动以及货币发行的软约束必然导致政府更为频繁地实施扩张性货币政策，以美国为代表的量化宽松的货币政策就是一个明显的例证。所谓量化宽松的货币政策就是试图利用不断增发货币的方式来解决现实经济运行中的问题，简单说就是一种超发货币的货币政策。货币超发意味着以超出实体经济增长所需量来发行货币，超额的货币供给使得资金可以很充裕地流向各个市场。而当我们按交易产品的功能将市场简单地划分为产品市场与资产市场（第一层级分类），产品市场和资产市场又依据性质划分为各类或各个产品市场与各类或各个资产市场（第二层级分类）时，不难观察到现实中资金流向在两个层级分类的市场中均表现出非均衡性的特征，当资金流向相对向产品市场集中时，则会导致严重的通货膨胀，而当资金流向相对向资产市场集中时，便会引发泡沫经济。无论是通货膨胀还是泡沫经济，其都具有结构性非均衡性，相比通货膨胀的结构性非均衡性，泡沫经济的结构性非均衡性（结构性资产泡沫）更值得关注。因为现代经济的运行状况表明，每次重大的金融危机都是由结构性资产泡沫的破灭所引起的，如在1998年发生的亚洲金融危机，在2007年发生的美国次贷危机，在2009年发生的希腊债务危机等。而爆发经济危机的导火索必然是金融危机，因此，加强对结构性资产泡沫的研究，对于我们及时采取相应的对策措施防止资产泡沫破灭所引发的系统性金融风险，预防金融危机乃至经济危机的产生都具有重大的现实意义。

1.3　总体分析框架和主要内容

1.3.1　总体分析框架

本书的基本研究思路为：以货币数量理论为出发点，以货币数量方程为工具，在对现行货币数量理论进行评述与经验验证的前提下，依据现代经济发达的虚拟经济与相对落后或产业空洞化的"二元经济"结构特征，通过引入独立资产交易的货币需求因素来完善货币数量理论，同时实现对货币数量方程的扩展。在此基础上，将所研究的问题深入到结构层面，重点探讨结构性资产泡沫的形成机理、驱动因素、统计测度，依据统计测度与预警理论来构建相应的统计监测体系与预警模型。最后，结合我国资产市场的相关实际数据进行实证分析，并通过实证的结果，给出具有可操作性和建设性的政策建议。具体而言，首先依据国内外现实经济运行状况中货币供给与通货膨胀、经济增长之间的关系来说明货币数量方程的失效性，并分析导致货币数量方程失效的原因，经理论分析与经验验证得到虚拟经济在整体经济中所起到的作用以及虚拟经济发展中的"脱媒"是导致货币数量方程失效的关键因素等有关结论；然后通过宏观结构上的分析阐述结构性资产泡沫的变化，通过建立资产市场引力模型，对资金流动的驱动因素进行探讨，同时借鉴力学中的吸引力模型提出结构性资产泡沫的统计测度及资产市场吸引力均衡模型，并依据现实中资金流向的非均衡性，结合资产市场吸引力均衡模型来构建结构性资产泡沫的识别、统计监测体系以及预警系统；最后，结合我国资产市场中的股票市场与房地产市场的相关实际数据，进行实证分析，依实证结果给出具有可操作性和建设性的政策建议。

依据我们所给出的基本研究思路，本书的总体分析框架结构设计如图1-1所示。

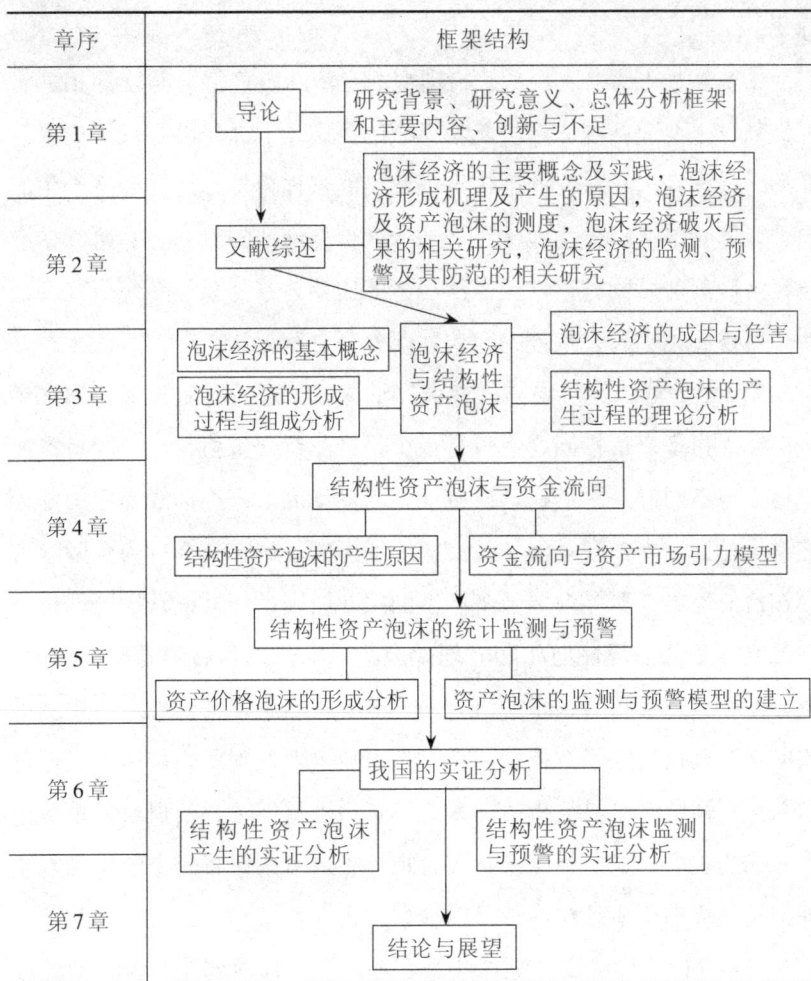

章序	框架结构
第1章	导论 → 研究背景、研究意义、总体分析框架和主要内容、创新与不足
第2章	文献综述 → 泡沫经济的主要概念及实践，泡沫经济形成机理及产生的原因，泡沫经济及资产泡沫的测度，泡沫经济破灭后果的相关研究，泡沫经济的监测、预警及其防范的相关研究
第3章	泡沫经济的基本概念 / 泡沫经济的形成过程与组成分析 → 泡沫经济与结构性资产泡沫 → 泡沫经济的成因与危害 / 结构性资产泡沫的产生过程的理论分析
第4章	结构性资产泡沫与资金流向 — 结构性资产泡沫的产生原因 / 资金流向与资产市场引力模型
第5章	结构性资产泡沫的统计监测与预警 — 资产价格泡沫的形成分析 / 资产泡沫的监测与预警模型的建立
第6章	我国的实证分析 — 结构性资产泡沫产生的实证分析 / 结构性资产泡沫监测与预警的实证分析
第7章	结论与展望

图1-1 本书的框架结构

1.3.2 主要内容

全书由7章组成，章节内容简介如下：

第1章为导论。从整体格局对本书的主要研究背景、研究思想、研究意义与基本的分析框架，主要研究内容以及创新与不足进行介绍。

第2章为文献综述。系统梳理泡沫经济与资产泡沫领域的相关研究文献，主要包括泡沫经济基本概念的界定，泡沫经济重大历史事件介绍，泡沫经济存在性的理论论证及实践过程分析，泡沫经济产生的原因及影响因素分析，泡沫经济或资产价格泡沫的测度计算研究，泡沫经济破灭前后的危害性，泡沫经济的监测体系与预警系统研究。最后，对现有相关研究从理论与实践两方面进行评述。

第3章为泡沫经济与结构性资产泡沫。与通货膨胀类似，泡沫经济实质上也是个价格问题，只是一个是产品综合价格，另一个是资产价格，但不同的是它们在形成机理、驱动动因、表现形式等方面都存在重大差别。本章在对泡沫经济概念解析的基础上结合行为金融学和内在价值理论来探寻泡沫经济产生的根本原因，依据统计检验理论将泡沫经济划分为理性泡沫和非理性泡沫两部分，为后续的统计测度、统计监测体系及预警系统的研究埋下伏笔。然后，结合现实信用货币制度背景以及现代经济特征，在对货币数量理论剖析的前提下，通过引入独立性资产交易的货币需求完善货币数量理论，实现对货币数量方程式的扩展，进而根据统计综合指标构成考察，将一个纯粹的宏观模型转换成有明显结构性特征的模型。

第4章为结构性资产泡沫与资金流向。与通货膨胀类似，泡沫经济本质上也是一个货币现象，而结构性资产泡沫除了是一种货币现象外，其还与货币的流向密切相关，借鉴力学中的引力模型，通过深入的比较分析与变量转换，便可构建相应的资产市场引力模型。利用资产市场引力均衡模型我们不仅可以实现对结构性资产泡沫的一致性度量，而且还可根据变量的经济内涵及其相互关系的分析，实现对结构性资产泡沫的驱动因子及形成机理的深入的挖掘。

第5章为结构性资产泡沫的统计监测与预警。依据前面的理论分析与所构建的模型，利用相关的统计方法与技术，构建结构性资产泡沫的统计监测体系与预警系统，为政府预防泡沫经济破灭提供精准的操作建议。

第6章为我国的实证分析。本章为结构性资产泡沫产生与预警的实证分析部分，主要由两个部分组成，一部分是关于我国结构性资产泡沫存在性及其特征的实证分析，该部分以我国产品市场、房地产市场和股票市场三个市场相关实际数据为样本数据，通过对三个市场集聚效应的检验，结合资产市场引力模型，从实证的角度证实了我国结构性的资产泡沫的存在性及其特征；另一部分是关于我国结构性资产泡沫的统计监测与预警系统的建立。

第7章为结论与展望。对各章节的结论分别进行总结与对比，得到具有理论意义和现实意义的相关结论，并且进一步提出对未来研究的设想与展望。

1.4　创新与不足

本书的创新之处在于：

（1）根据现代经济的结构特征对货币数量方程进行了扩展，得到了扩展的货币数量方程，利用新的货币数量理论与方程，不仅可以揭示货币供给情况与经济增长率、通货膨胀率和资产泡沫的总量关系，而且使货币数量理论延伸至结构层面，进一步完善了弗里德曼的货币需求理论。

（2）借鉴力学中的万有引力定律、引力模型，构建了资产市场的引力模型，其不仅解决了结构性资产泡沫统计度量中的一致性问题，而且也克服了泡沫经济测度中的操作性障碍。

（3）结合我国经济的现实状况，构建了我国结构性资产泡沫识别的统计监测模型，完善了我国结构性资产泡沫的统计预警系统。

本书的不足之处在于：

（1）从货币需求以及实体经济与虚拟经济相互关系的角度看，扩展的货币数量方程中新引入的部分应是独立于对实体经济的货币需求，但如何识别这种独立性并将其分离出来，本书没有进行讨论，这便会产生口径上的不完全一致，好在这样处理不会影响基本结论。

（2）受数据可得性与完整性的限制，在结构性资产泡沫的实证分析中，我们只选择了最有代表性的房产和股票两种资产，而在金融创新日新月异的今天，这种处理显然是不完全的。当然，这也为我们今后继续探讨诸如债券市场、黄金市场、红木市场、收藏市场、各类金融衍生品市场等预留了空间。

2

文献综述

自17世纪40年代荷兰"郁金香泡沫"破灭后，全球社会各界均对泡沫经济及资产泡沫问题进行重点研究与关注，较近且严重的泡沫事件发生在20世纪90年代初的日本，当时发生了一次较为严重的股票与房地产相结合的泡沫经济事件，随着资产泡沫的破灭，日本经济长期陷入困境。这一历史事实更加凸显了对泡沫经济研究的重要性，一大批学者投身于对泡沫经济及资产泡沫的研究，如今形成了浩如烟海的相关研究成果。将这些研究成果归纳后可以发现，前人对泡沫经济及资产泡沫的研究主要集中在：对泡沫经济（资产泡沫）主要概念的定义，泡沫经济（资产泡沫）的产生原因及其形成机制，资产泡沫的测度，泡沫经济及资产泡沫的危害性及其经济后果，泡沫经济及资产泡沫的监测、预警及其防范五个方面。

2.1 泡沫经济的主要概念及实践

2.1.1 有关泡沫经济基本定义的争论

美丽的泡沫，一触就破。泡沫经济，顾名思义就是指经济在运行的过程中，出现了像泡沫一样的状态，这种状态使得经济在各方面都表现得很漂亮，发展迅速，但是再漂亮的外表也逃不脱最终破灭的结局。它是一个既重要又基础的概念，经过多年的发展，对泡沫经济定义的阐述与理解更加清晰、深刻，但却并没有形成一个统一的解释概念或定义。如果总结前人的一些结论来论述，那它往往是指因为人们在经济行为上进行过度的投机而导致某商品的价格很严重地偏离了商品本身的价值，商品的价格先暴涨再以断崖似的方式下跌，主要是因为货币资金集中流入到其中一个部门或同一资产，导致该部门资产价格在一段时间内发生急剧膨胀，而其他部门因为资金过度流失而衰弱。在关于泡沫经济的定义上，具有代表性的主要有以下几个：（1）著名经济学家 Charles P.Kindleberger（1987）在《新帕尔格雷夫经济学大辞典》一书中对泡沫做了如下阐述："泡沫可以以不太严格的方式定义为：某种单个资产或部门资产的价格在某一开始阶段连续急速上涨，进而会使得后来的投资者对价格的上涨产生了进一步的预期，有这些预期的投资者成为新的购买者，也是投机牟利的忠实追求者，他们并不关心资产的使用或赚钱的能力，但这时价格进一步的上涨往往伴随着预期上涨的逆转，然后则是价格的断崖式下跌。"从这一定义中可以看到，Charles P. Kindleberger 主要强调了泡沫的生成过程中价格的变动特征以及经济投机在泡沫产生与破灭过程中的作用，忽略了资产的使用价值和赚钱能力，后经行为金融学家的发展与提炼，将其称为非理性泡沫，并形成了以行为金融学相关理论（噪声交易理论）为基础的非理性泡沫理论。（2）与非理性泡沫相对应的是，Diba 和 Grossman（1988）以主流金融学理论为基础，根据有效市场理论将泡沫称为理性泡沫，在他们看来，理性泡沫是把价格中的内在价值部分除掉以后的剩余部分，这部分资产的价格具有非负性，因为一些投资心理特征又具有了连续的膨胀性，同时他们还认为泡沫主要以三种形式存在：连续再生性泡沫、确定性泡沫和崩溃性泡沫。这种关于泡沫分为理性泡沫和非理性泡沫的想法提出后产生了广泛的影响，大多数经济学家均赞同这种定义方式，如 Blanchard 和 Fischer（1989）所言，这种定义方式不仅解释了泡沫的形成过程及原因，而且它还得到了理性泡沫在计算上的方法，即以内在价值为基础的前提下进行理性泡沫的计算。（3）相比较而言，日本学者对泡沫经济的定义更简单明了，如铃木淑夫（1985）表示资产泡沫实质上就是土地价格、物品价格等产品价格出现了远远偏离基础价值的涨幅或跌幅；三木谷良一（1998）认为资产价格严重偏离了产品价格的暴涨和暴跌的过程形成了资产泡沫或泡沫经济。从他们的定义来看，日本学者对泡沫经济的理解主要有以下两个共同点，一是强调经济基础条件，二是泡沫产生于资产价格暴涨和暴跌的过程。（4）我国对资产泡沫的研究比较迟，关于泡沫经济的定义，主要是在国外学者研究的基础上进行深化与完善。王子明（2002）指出对于泡沫经济的测定可以从理性预期和非均衡分析这两个角度进行比较准确的测定，在他看来，资产泡沫是相对经济基础条件决定了价格的非平衡性上涨；黄名坤和薛敬孝（2002）认为在实体经济达到最优动态平衡时的价格就是资产的基本价值，超过基本价值的部分则为泡沫；戴园晨（2001）认为资产或产品在不断的连续交易过程中，资产的初始价格突然上涨，使投资者对资产有更多上涨的预期而吸引新的投资者，通过交易来获利，而不是使用资产。这个定义与前面提到的 Charles P. Kindleberger 的定义比较相似，将泡沫分成常态和非常态两种情况，然后再假定投资者是理性预期，而在这种预期下泡沫是不会产生的。综上可以看到，国内外的学者通过自己的理解对泡沫经济的定义都进行了深刻的阐述，这些成果为形成泡沫经济的统一认识奠定了基础，通过对国内外学者的研究与文献的解读与梳理，我们虽然看不到一个统一的、公认的泡沫经济定义，但可以找到一些共同之处：（1）现代泡沫经济的对象主要是资产市场，例如股票市场、债券市场、房地产市场；（2）各种资产均存在着内在基础价值；（3）在产生资产泡沫时，资产的市场价格将会远远偏离它的内在基础价值；（4）泡沫从产生到破灭的过程伴随着资产价格的暴涨和暴跌。

综合以上学者们关于泡沫经济的定义，本书认为泡沫经济是在现代经济体系快速发展下的一种经济现象，受到追求高额收益率的心理驱使，货币流入虚拟部门的过度增长，导致该部门的资产价格暴涨以致严重偏离了它的基础价值，但是由于后期没有了实体经济的支撑，在一段时间以后资产价格快速下跌，整个资产市场犹如泡沫一样快速膨胀后又迅速破灭。

2.1.2　泡沫经济的实践

"泡沫"一词最早出现在18世纪的英国"南海泡沫公司事件"后，在这个事件中，英国政府授权给南海公司，因为这种垄断权而相信该公司的股价收益将会暴涨的言论，大量投资者购买南海公司的股票，随着股价的上涨，股票市场产生了空前的热潮，就连当时著名的物理学家、数学家牛顿也挡不住股票投机的诱惑，股价也从当时的每股300镑暴涨到1 000镑以上。但随着时间的推移，没有了实体的支撑，其股份在1720年8月31日出现断崖式的下跌，一路跌到290镑，南海公司的资产总值也下降70%以上，其泡沫在迅速产生后又迅速彻底破灭，使得英国人在那之后一段时间谈股色变。

而最早的泡沫经济事件应该是17世纪的"郁金香投机狂潮"，1637年，本身一文不值的郁金香球茎的价格疯狂上涨了29倍，在一星期以后就狂跌至最高价的0.005%。因为郁金香价格的崩溃，导致无数人倾家荡产，荷兰也因为这次事件产生大萧条，繁荣的经济自此不再，而对岸的英吉利海峡则趁势崛起。到了18世纪初期，法国也产生了"约翰·劳"事件，劳通过与政府达成的协议，成立了可任意发行纸币的银行以及拥有贸易特权的密西西比公司，然后对外宣称将马上开发路易斯的黄金，导致投资者们对密西西比公司的股票进行大肆购买，使得该公司的股票价格从刚开始的500利弗尔一路飙升到1.8万利弗尔，在连续上涨13个月后，同样因为资金的撤离与实体的支撑不够，又连续暴跌13个月，泡沫破灭，导致在皇家银行兑换黄金的人群中有15人死亡。从泡沫经济产生以来，泡沫事件一直持续不断，20世纪，日本、韩国、英国、德国、美国均发生过一系列的泡沫经济事件，在这些泡沫经济事件中，无论是影响较大的，还是小型的泡沫危机事件，均与资产市场有关。日本在20世纪80年代发生的泡沫事件更是房地产与股票市场相结合的共同泡沫，而美国在20世纪初也产生了以房地产为主的泡沫经济。

在20世纪20年代中期，第一次世界大战结束之后，美国经济繁荣发展，国内的建筑业随着房地产而兴隆，在美国很多的大城市中，拥有比较优越的地理位置，并且冬季气候宜人的美国东南方城市佛罗里达成为美国人冬季游玩度假的最佳去处，而当时这里的地价偏低，所以很多的人在这里购买房地产。需求增加致使价格逐步上升，在短短3年间，一块土地从原先的80万美元上涨到400万美元，当地产生了2000多家房地产公司，仅7.5万人口的城市却有2.5万房地产经纪人，随着投资的狂潮，银行界跟随加入，房价膨胀。到了1926年，佛罗里达的房地产泡沫迅速崩溃，大量的普通百姓破产，更有一些企业家、银行家因为破产而自杀或精神失常，著名的麦当劳教父雷·克洛克也参与了其中，结果一贫如洗。这场房地产泡沫给当时美国的经济沉重一击，使得美国经济危机愈发剧烈，华尔街股市在房地产泡沫之后也陆续崩溃，进而爆发了20世纪30年代的世界经济大危机。

而同样在20世纪80年代的日本，国家经济发展迅速，为了刺激金融市场的增长，国家实施相当宽松的金融货币政策，追求高利益的大量资金流向股票市场和房地产市场，致使股价和房价一路攀升。当时日本国营铁路公司以20倍的溢价向私人出售公司股票，掀起了人们投机购买热潮，股价由5万日元暴涨至300万日元，日经指数也飞速飙升，很多人获得百倍的利润，同时随着大量国际资本进军日本房地产，1985年，美、英、法、德、日等国签订"广场协议"，愈发刺激了房价上涨。在这几年间不管是股票还是房地产均暴涨数倍，很多日本百姓在追利的驱动下，用自己的积蓄进行两市的投机，致使股价和地价都上升到很荒谬的程度，很多人即使劳作一生也无法在城市买到一套住宅。任何泡沫都有破灭的时候，并且是快速的，随着国际资本的获利退出，日本当局也为了抑制物价的上涨，在当时提高了银行贴现率。1990年，"海湾危机"爆发，此时日本政府因为担心石油价格上涨，使得国内的通货膨胀加速，于是对货币政策进行改变，实施了紧缩的货币政策，并且提高了贴现率。这样，日本的房地产与股票市场共同交替产生的资产泡沫经济迅速破灭，资金的流出致使资产价格暴跌，并且因为此次股票市场与房地产相结合的泡沫的破灭，使得宏观上的财政危机爆发，日本也因为此次房地产引发的泡沫经济步入到漫长的经济衰弱期，直到进入新的21世纪，这种影响仍然存在。可以说，这是日本历史上自第二次世界大战战败后，在国家经济上的又一次失败。

其他较著名的历史泡沫事件还包括：1994年中南美洲的泡沫经济，1997年的亚洲金融危机，1999年美国的互联网泡沫经济，2007年美国的次贷危机等等，这些泡沫经济阻碍了国家经济的运行和发展，严重的情况下会引发国内甚至全球的金融危机。

2.2 泡沫经济形成机理及产生的原因

泡沫经济在不同的国家，因为社会经济环境的差异、经济发展程度的不同，其特征与发生后果不尽相同，当然产生的原因也就千千万万了。自从泡沫经济这个概念产生以来，经济学者们对它进行了大量的关注和研究，众说纷纭。但从对泡沫经济的相关学术研究结果来看，关于泡沫经济形成机理的研究主要可归纳为两个大的方面来进行阐述。一是从市场投资者是完全理性，还是有限理性的角度来分析；二是从宏观体制和微观机制的角度来分析。

　　关于泡沫经济形成机理的早期研究，大部分学者通过第一种来解释泡沫经济的成因。在 1988 年，迪巴和格洛斯曼（Diba and Grossman，1988）得出因为投资者的"博傻"心理，资产的价格是不可能为负值的，他们从局部均衡角度进行了验证。"博傻"是形成资产泡沫的最主要原因，因为总会有人以更高的价格来进行购买，所以他们认为在这种自由抛售的情况下，确定性泡沫也不可能为负值。布兰查德和弗希尔（Blanchard and Fischer，1989）认为资产具有可替代性，供给完全弹性，如果出现正的确定性泡沫，那么资产的价格会无限放大，超过替代品的价格。而从一般均衡的角度来分析，让·帝诺尔（Tirole，1982）、布诺克（Brock，1982）认为是否产生泡沫经济或资产泡沫与投资者的生命期限有关，在有限的生存期内又与是否处于动态有效相关。其得到的结果是无论在投资者的人数和生存期限有限还是无限的情况下，都不会产生泡沫。威尔（Weil，1987）认为爆炸性泡沫很可能存在于一般均衡中，虽然理性泡沫已经有了比较好的分析框架，但问题是泡沫的产生是因为基础定价模型错误还是因为理性泡沫的解释力度不够？从理性泡沫的假定来看，市场投资者并不是总满足理性这个条件，历史事件中的泡沫经济事件大部分都是投资者或市场主体在非理性的情况下导致的，在这种非理性的条件下，噪声交易理论通过对理性预期和市场有效条件的放松，解释资产泡沫或泡沫经济产生的原因。布莱克（Black，1986）将自身获得的不完全信息作为假设中的完全信息条件，做出了非理性的交易决定和行为，这样必然会导致对价格的预期产生系统性的偏差，从而导致做出的决定和反应是过度和偏激的，不能为资产市场提供正确的反馈，结果使得泡沫经济产生的可能性就没那么肯定了。Delong、Shleifer、Summers and Waldmann（1990）以部分投资者是有限理性和套利行为具有风险为假设前提，创造性地提出了噪声交易理论，认为噪声交易者从长期的角度，可能会使资产价格处于基础价值，认为噪声交易者从长期的获利中为自己创造了生存机会，弱化了套利行为，减少了泡沫的产生，但没有证明在短期内他们没有促进泡沫的形成和扩张。

第二种分析泡沫经济形成的机理可以从宏观体制和微观机制的角度出发。

从宏观体制角度来看，林杰瑞恩（1996）发现从20世纪80年代到20世纪末，国际货币基金组织的181个成员国里有135个在不同的发展阶段都经历过大小不一的金融危机事件，也就是说产生资产泡沫的国家有一大半，甚至有部分国家直接导致了金融危机，股票市场与房地产市场是发生资产泡沫的主要对象。随着经济的发展，全球化的金融体系更加广泛，这也为国家泡沫经济的产生提供了环境基础，资金在国家之间流动的成本降低，国际资本在各国之间频繁流动进行投机，低位介入，获利则走，使得很多新兴的发展中国家的经济产生严重泡沫，又急速破灭。宫崎义一、奥村洋彦（2000）认为日本的泡沫经济是宏观政策的宽松所致，政府为了经济快速增长，加大货币供给，放松贷款限制，降低利息，提供泡沫经济的资金来源，并且这些宏观政策又加强了投资者的投机预期，泡沫的扩张更加明显。王佳佳（2011）认为中国资产泡沫的成因表面上来看是流动性过剩，但深层次的原因是国家粗放的经济增长模式导致的经济结构性失衡。

从微观机制来看，大部分学者主要从两个方面来解释资产泡沫的成因。一个是蓬齐对策，资产市场中的很多投资者通过贷款进行投资，这样变成了债务人，然后又通过新的债务来维持资金的流动性，然而并没有实际收入的来源，产生"金融连锁性"的资产泡沫；二是信贷扩张、风险转移、道德危害。富兰克林·艾伦和道格拉斯·盖尔（Allen Franklin，Douglas Gale，2000）认为银行将资金贷款给投资者，而投资者在投资风险资产时，会以违约的形式进行风险的转移，造成资产的损失，也导致资产价格的增长，这种银行的代理会引起泡沫的产生。另外商业银行、中央银行的信贷投资程度过大也更容易引发泡沫的产生。也就是说，投资者通过信贷投资，如果投资成功，获得高额收益，这自然会产生价格上涨的预期或追高的心理，必然会导致资产泡沫；如果投资失败，无法偿还贷款，这时投资者会通过破产等方法将风险转移到银行等金融机构。

进入21世纪后，我国经济进入高速发展时期，泡沫经济问题受到越来越多的关注，对它的研究也在不断进步和完善。鲁桂华、皮舜（2005）以我国特定的经济制度为背景，认为我国的商业银行在资金信贷方面对资产泡沫的产生有着明显的作用；裴桂芬、马文秀（2007）分析了日本资产税制改革与泡沫经济形成的关系；狄瑞鸿、许菁（2009）认为美国实施低利率、加大货币供给等比较宽松的货币政策是导致国内金融危机或资产泡沫的主要原因，但在经济结构并未有大的改变前提下，并不能很好地解决资产泡沫出现的问题；董斌、李琼（2014）通过构建戴蒙德模型（OLG模型），得出资产泡沫的主要原因不仅是货币现象，还可能是长期的经济现象，他们以美国和日本数据为样本进行实证，认为政府可以通过控制工资的增长和人口老龄化来避免资产泡沫破灭；陈道富（2015）分析了资产泡沫形成和变化的规律；李腊生（2016）以证券市场为对象，通过公司并购重组的事件分析了我国股票价格的泡沫形成；Caballero 和 Krishnamurthy（2006）认为金融市场相关制度与监管均不完善，对这些资产的放松管制等都为资产泡沫的产生提供了良好的基础条件，王永钦、高鑫（2016）也阐述了这个观点。

随着经济体制与资产产品的多元化，泡沫经济的产生和促进泡沫经济快速膨胀的原因呈现多样化，特别是股票、外汇、房地产等金融市场的正反馈交易现象越来越严重，使得泡沫经济产生的速度加快，泡沫的程度越来越大。Stiglitz（1990）指出资产泡沫实质上就是对以资产的基础价值进行定价的理论上的扭曲，只要投资者存在着上涨预期、追求高额收益率的特性，那么资产泡沫的产生就一定会发生，正反馈交易也俗称为追涨杀跌；另外，很多学者通过实证，得出即使是理性投资者也有跟风投资和从众效应的倾向（Andreassen and Kraus，1988）；弗兰克尔和弗鲁特（Frankel and Froot，1988）、希勒（Shiller，1988）指出无论是在短期内还是在长期中均存在着追涨杀跌现象，外推预期明显；德隆、谢勒弗、萨默尔、瓦德曼（1990）对资产泡沫的产生进行分析，认为一般情况下，在投资的短期时间内，理性投资者认为资产的价格不会出现很大的波动，会持续稳定在高位或低位，具有持续性，另外他们在对投资者对信息反应的研究中发现，无论是理性投资者，还是非理性投资者，信息反应过度是一种普遍存在的现象，当价格超出了信息反应的合理范畴，又在正反馈交易的模式下，就促进了价格上涨和泡沫的形成。以上的种种行为都是加速泡沫膨胀速度的重要原因。

在泡沫经济的成因上，除了以上的这些文献以外，很多学者试图突破传统，通过实验金融来对泡沫经济的成因进行探讨。Peterson（1993）、Ackert 和 Church（2001）、Caginalp 等（1998）、Caginalp 和 Ilieva（2008）这些学者分别从多动态预期、主体的相互作用、市场流动性、动量交易者流动性角度，使用实验金融的研究方法来分析资产泡沫形成的原因。Ackert 等（2002）通过实验得到，分红预期大的股票比分红预期小的股票的吸引力要大得多，大部分投资者宁愿出高价对分红预期大的股票进行购买，也不会选择分红预期小的股票，在这种前提下，股票的价格只会被助推得更高，泡沫量积累也更大，整个泡沫周期会更长。这也正好符合了 Kindleberger 的"博傻理论"，他认为投资者总会以为有更傻的傻瓜来购买之前投资者抛售的资产，这种思想也是泡沫产生的原因之一。Sonnemans 等（2004）认为内生性泡沫产生的主要原因可以从某一个异质蛛网经济稳定性来分析，从预期形成和策略选择角度都得出异质性反应。Hommes 等（2005）在预期形成和预期协同方向上进行了分析，分析结果显示，非理性交易中的动量交易和反应过度是资产泡沫产生的主要原因。

2.3　泡沫经济及资产泡沫的测度

在对泡沫经济的定义综述中，我们看到泡沫经济的对象主要是资产市场，例如股票市场、债券、房地产市场等，这些资产均存在着基础价值，是现代经济体系快速发展的产物，但为了追求高额收益率，货币过度流入资产市场，从而使得资产价格严重偏离它的基础价值。对于这种偏离程度的测度也是衡量是否存在泡沫经济的一种可视化标准，在很多学者的研究中，都试图从数学标准上来对泡沫经济进行具体的测度，从而有更直观的判断。当然，能够对资产价格中含有的泡沫含量进行测度，那对经济的调控与泡沫的控制就具有了重要的经济意义。

从基础价值出发研究资产泡沫测度的方法，是在以资产内在价值理论为基础的前提下产生的，这种方法也是在几种方法中应用最为广泛的，可以称为基础价值测度法。从对有关文献的统计与研究来看，我们发现还有两种方法，一种是虚拟部门的资产价格受到实体部门的影响，那么这时候可以根据资产的价格与实际产品的价格对比及比值的偏差值来进行泡沫的度量，可以称为虚拟与实体资产比较法；另一种是通过泡沫增长的速度进行度量，因为泡沫是变化的，也就是通过动态性描述来进行，称为资产泡沫增长速度法。关于这三种度量泡沫的方法我们将在下面分别通过相关的文献进行论述。

首先是基础价值测度法。早在1989年，日本学者野口悠纪雄通过这种方法对日本东京的办公写字楼、商业住宅的土地进行理论上的计算，并与实际中的价格进行比较，同样以理性预期为前提，认为如果市场为均衡状态时，根据资产收益率与土地收益率相等的恒等式，计算出土地的市场价格，因为此时处于均衡状态，所以他认为这是土地的基础价格，再与市场中土地的实际价格进行对比，作差后就可以得出土地的泡沫大小；1996年，中尾宏通过"收益还原法"对泡沫进行测量，这种方法也有假设前提，就是认为当期每个经济值是对未来这个经济值的预测结果时，根据公式：不动产的理论价格=总收益/（无风险资产收益率+风险补偿收益率–预期租金上涨率），来计算当时商品用地的理论价格，然后与市场真实价格进行比较，其差值便是资产泡沫。美国的著名经济学者 Abraham 和 Hendershott（1996）、Bourassa 和 Hendershott（2001），杨宗宪、张金鹏（2000）根据市场的供给与需求的关系，依照普通商品供求关系进行房地产市场的基础价值的计算；王雪峰（2005）通过资产边际收益法对房地产市场的泡沫程度进行实证分析；吴世农（2002）以不存在分红派息的情况，以 CAMP 进行内在价值的计算；潘国陵（2000）以股票税后的利润作为股息的基础值，对上证股市泡沫程度进行了计算；黄名坤（2002）通过 Ramsey Model 计算出实体经济的均衡状态，在这个均衡状态下，资产的内在价值实质上就是指资产价格的边际回报率，然后就可以得到股票、债券、房地产等不同资产产品的泡沫程度结果，再对它们的结果进行相应的平均加权，得到一个总的泡沫程度结果，这种方法既可以对总体的泡沫进行测度，又可对单一的资产泡沫进行测度，不过他在实际操作中，对资产边际回报率进行计算时，发现模型中的参数是难以解决的一个问题；吕江林、曾鹏（2012），黄秀海、李爱喜（2010），周爱民等（2010）等很多学者均通过基础价值的分析，利用不同的计量模型与计算方法对我国股票市场泡沫进行了测度。这种以资产的基础价值为理论的方法，大部分都建立在以理性预期为前提的假设条件下，而对非理性预期角度的研究还不够，在后期很多学者慢慢地也加入了这些因素，对这个方法进行完善与发展，例如从行为金融学的角度，对投资者理性预期和市场完全有效进行条件放松，这方面的研究从当前的文献来看，已经有很多的学者都进行了探讨。

其次是以实体部门为基础，通过计算虚拟资产对实体经济的偏离程度来得到泡沫的大小。而对于实体经济、虚拟经济的度量则有不同的算法，一种是通过金融资产发行量的价值增长率与GDP的增长率的比值来度量，另一种是根据金融资产的总量与实体经济的总值的比值来度量。由两种公式的特点可以看出，第一种是基于流动资本的测度，不过每个国家的虚拟经济市场发展程度不一样，对资产泡沫的反应就很片面了，相互之间计算的结果差距很大；第二种则是从总量上进行考量，Goldsmith（1994）提出了金融相关比率FIR，金融相关比率FIR等于虚拟经济与实体经济的比值，但在实体经济总量的计算方法上也没有得到统一的说法，不过大部分学者还是认为这种方法能比较好地得到国家的资产泡沫的程度。

最后一种方法是通过计算泡沫增长的速度进行测度，因为泡沫是变化的，这个泡沫的增长速度实质上就可以认为是股票市场流通市值的增长率与名义GDP的增长率的比值的大小，那就与第二种方法有点类似了。我国的张文凯、包建祥（1999）曾用此方法进行过测度，不过这个方法的问题是对于股票市场的总体市值的增长有多个来源方向，资金的流入、各上市公司本身的发展、泡沫的反应程度不是那么准确；2001年，董贵昕在他们理论的基础上进行了进一步的研究，提出资产泡沫等于股市指数增长率与GDP增长率的比值，并将它称为资产泡沫膨胀速度模型，根据这个模型的计算结果的取值、正负性来对资产泡沫的程度进行判断。

关于泡沫经济或资产泡沫的测度，从20世纪80年代以来，学者们都在不停地进行探索研究，从刚开始在理性预期的假定条件下的泡沫测度，再发展到对假定条件进行放松，通过噪声交易模型、行为金融学等新的理论的测度。测度理论从最初的定性分析变为更准确的定量分析，从纯依赖理论的分析到更接近实际市场的分析。也使得人们对市场泡沫有了更好的认识。这些理论的发展对我国经济的稳定运行、资产市场的健康发展都有重要的参考意义。但是从17世纪的"郁金香狂潮"的泡沫事件以来，我们对泡沫经济的研究基本上都是对泡沫经济的事后研究，而对泡沫经济的监测与预警还有所欠缺，并不完善。例如，关于泡沫经济的基本定义到目前都还没有比较统一的说法，形成机理的论述也是百花齐放，各有千秋，对于资产的基础价值的计算方法各不相同，计算结果差异过大，而几乎所有的测度方法却都是以这个为前提的，基础价值的准确性直接关系到泡沫经济测度的有效性。

2.4 泡沫经济破灭后果的相关研究

2.4.1 基于历史事件的泡沫经济破灭后果的论述

泡沫经济是经济货币结构的一种失衡现象，泡沫经济的发生，会使人们把它与金融危机和经济危机联系到一起。接下来我们将从历史上的各次泡沫经济事件来看泡沫经济破灭以后的后果和影响。

上面我们已经提到过，历史中有过很多次泡沫经济，其中最早又有很大影响的就是17世纪发生在荷兰的"郁金香投机狂潮"事件，在该事件后期，因为再也找不到为之付钱的买主，郁金香球根的价格突然暴跌，之前的票据也无法兑现，因此而产生的债务人多不胜数，整个荷兰陷入混乱，政府不得不介入，宣布之前的交易票据无效。政府的强力介入，虽然解决了问题，却使得荷兰工业和农业受到很大伤害，引发了一定程度的金融危机（加尔布雷斯，1994）。由此产生了大量破产者和少量的暴发户，这个事件对荷兰的经济产生了很大的打击，使其进入长时间的大萧条，结果导致欧洲的经济中心从荷兰逐渐转向英国。除此之外，在精神文化上产生了更大的影响，自从该事件以后，荷兰以节俭为主旨的喀尔文主义道德观复兴，对郁金香交易进行了严厉批判，荷兰人也一度厌恶郁金香。

在1719年的法国，也是在"郁金香狂潮"泡沫经济之后，爆发了著名的"密西西比公司泡沫事件"，这一事件的影响程度要比"郁金香事件"更为严重，主要负责人约翰·劳不仅没有阻止金融危机的发生，反而起到了助推的作用。加尔布雷斯（Galbraith）讲述道："在密西西比公司投机泡沫破灭之后，法国经济陷入大萧条，整个国家的经济混乱不已，人们谈银行则色变。"密西西比泡沫经济的破灭导致银行在民众中失去信用，整个法国银行发展停滞不前，工业无法扩展，自然也使得经济的恢复和增长速度放缓。

同时，在18世纪初，爆发了与荷兰"郁金香狂潮"和法国"密西西比公司事件"一起被称为最早的三大泡沫经济事件的著名的南海泡沫事件，该泡沫事件给当时的英国国民留下了不可磨灭的阴影，影响深远，因为该事件英国专门制定了《泡沫法案》，直到19世纪初才得以废除，国民通过漫长的时间来重拾对股份公司的信心。英国国会通过委任的方式，对南海公司进行调查，查出有严重的欺诈和做假账行为，这种委任第三方的做法直到现在仍在被采纳，既降低了作弊风险，也很好地发展和完善了精算、会计等行业。在政府方面，因为该事件国民对托利党失去信心，致使收拾残局的新党派得以上位。南海泡沫的破灭致使英国的经济日渐衰退，在之后的20多年失去了在欧洲的领导地位。

从以上三起近代欧洲泡沫事件来看，其对经济的影响可以归纳为以下几点：

第一，普通老百姓或投资者的资金大幅减少或破产。陈舒静（2008）指出泡沫累积的表象是虚假的繁荣，当泡沫破灭，经济的真实情况得到显现，得到的直接后果就是人们的财产快速减少——财富的雪崩效应。

第二，整个金融体系的逐渐崩溃。张健（2010）指出，经济行业之间具有相关性，作为经济整体，一旦某一部门产生泡沫，并且破裂，自然影响到整个经济体系，引起经济发展放缓。虚拟经济以资产市场为主体，与实体经济相联系，服务于实体经济，吸引社会资金，优化经济资源配置，如果金融资产市场的泡沫破灭，投资者会财富缩水甚至破产，很多银行贷款无法偿还，银行不良贷款增多，导致金融机构资金周转失灵，当这种不良贷款积累过度时，金融体系运转不顺，会引发整个经济体系的崩溃。

第三，促进发生泡沫经济的国家对金融资产市场的监管和相关法律法规的完善。比如，"南海泡沫事件"就促使英国当局制定了新的法律——《泡沫法案》，在泡沫破灭以后又相继推出一系列的金融法律法规，从而保证资产市场在后续的发展中有序进行、健康发展。

进入20世纪以后，现代经济快速发展，泡沫经济的产生越来越频繁而且破灭后的影响与后果越来越严重，在1925年左右，美国发生了投资房地产的热潮，房地产泡沫随之产生，而房地产泡沫的破灭最终引发了华尔街股市崩盘。这样，以美国为首的全球经济危机至此展开。首先，在泡沫期间，大量资产流向房地产、股市，使得整个社会经济的结构失衡；其次，泡沫破灭到最后各大银行成为最后防线，而银行的倒闭必然又导致经济危机的产生；然后，房地产被波及，引发房地产泡沫的破灭，全国经济大萧条逐渐铺开，各大企业接连倒闭，失业人员骤增，没有倒闭的也大量裁员，美国持续四年的大萧条一直延伸至其他的工业国家，大量的群众居无定所，饱受饥荒。国家之间的经济往来相互采取保护措施，从而更加恶化世界经济形势，成为第二次世界大战爆发的根源之一。

在20世纪80年代，日本因为政策与国际环境的影响而发生泡沫经济，过程不再论述，其后果影响深远，一直到现在，各国的很多经济学者都还在研究日本的泡沫经济事件。郑秀君、陈建安（2011）认为泡沫经济破灭的直接表现是资产市场的资产价格全面下降，金融机构的不良债务大量出现，银行倒闭，出现金融危机。陈富强（2007）认为泡沫经济的破灭使得企业利润下降，工厂倒闭，失业率越来越高，国内市场衰退，国外市场无法拓展。日本泡沫经济已经过去20多年，对当时的日本带来沉痛的经济打击，影响时间长，对房地产的打击最大，其他产业接连受创，引发整个社会的经济危机和漫长的经济衰退。

2.4.2　泡沫经济破灭后果的研究

关于泡沫经济破灭后果的研究，国内外均进行了长时间的探讨，并且还在延续。因为泡沫经济是任何国家经济发展中都存在的一种经济失衡现象，必须认识到它的客观存在性，泡沫经济产生的原因众多且复杂，但泡沫经济破灭以后的后果却大同小异。程度轻的可能导致资产价格迅速下降，财产缩水；程度重的会导致国家长时间的经济危机，危害整个国家的发展。

从泡沫经济破灭的自身特性来看，泡沫经济破灭的后果主要有以下几个特性：综合性、连锁性、延续性。

泡沫经济的综合性是指它产生的普遍的、全方位的后果或影响，包括宏观和微观的角度，对所有经济部门都构成影响（郑秀君，2011）。从个人和家庭的角度来看，泡沫经济的破灭使得他们的投资快速缩水，收支状况急剧恶化（Bernanke，1983；Bernanke and Gertler，1989；Holmstrom and Tirole，1997）。从企业、金融机构的角度来看，泡沫破灭使得企业或个人的贷款亏损，申请破产后直接将风险转嫁给银行等金融机构，而金融机构将面临骤增的不良债务，从而引发更广泛的金融危机（Frankel，2000）。

泡沫经济破灭后果的连锁性是指这个后果不仅会危害自身部门，并且会牵连到其他部门，它并不孤立，而是相互制约、相互影响。日本20世纪末的泡沫经济给整个日本带来深远的危害，经济主体、政府部门无一幸免；美国20世纪初的房地产泡沫经济是美国经济危机的重要根源（Allen and Gale，2010），Adalid和Detken（2007）、Bordo和Jeanne（2000）论述了泡沫经济由资产部门向实体经济转移的机制和过程；资产价格泡沫的破灭，使得财富效应减弱，并且使得银行债务急剧恶化，这样实体经济部门的生产性投资和消费水平等自然会大幅降低，公司效益变差必然会减员，国家经济增长和就业水平受到影响和冲击（Case et al，2001）。

泡沫经济破灭后果的延续性是指它在后续中会重复不断地对经济产生影响，并且会带来更严重的危机，实际上，泡沫经济破灭后果的综合性和连锁性就决定了它的延续性，而延续性和连锁性必然又导致综合性，三者相互依赖，相互影响。衣川惠（2002）指出日本泡沫经济破灭的后果必然会迁移到其他部门，加上本国政策的实施不当，使得全国爆发了严重金融危机，经济发生了不可阻挡的衰退；部门泡沫经济破灭不仅会累及到本国，产生金融危机和经济危机，还会涉及其他国家，在最近30多年的金融危机中，许多国家都被带入其中，骨牌效应明显（Edison，1998）。目前关于泡沫经济破灭产生的金融危机的国际传染逐渐成为主流经济学研究的前沿和热点（Dornbusch et al，2000）。关于金融危机的传染，Summers（2000）和 Caramazza 等（2004）将它分成了四大类，其中的金融传染机制与泡沫经济的破灭相关联，这里暂不做详述。

从泡沫经济破灭对现实经济产生的影响来看，以下几点尤其受到关注。

第一，泡沫经济的破灭会导致社会资源配置的不合理。葛新权（2005）指出，在资产泡沫（泡沫经济）初期，资产市场表面指数的繁荣，使得经济形势一片向好，市场预期高涨，但随着泡沫程度的加大、投资者和资金的持续不断涌入，社会资源供给的配置效率降低，波及实体经济的健康运行和生产要素的合理分配。谢国忠（2010）指出随着资产市场的收益率高速膨胀，大量普通群众参与进来，而其他的理性投资者和机构也从其他部门（例如实体部门）拿出资金投入到资产市场，在使得资产泡沫继续膨胀的同时，也使得其他部门的发展在很大程度上因为资金的短缺而受到限制，另外实体经济部门在基本要素和生产技术上没有及时更新和开发，必然也得不到好的发展，生产率低下、设备老化的实体部门难以为继。随着泡沫的破灭，结构性的泡沫出现，不合理的资金配置导致资源的分配不合理。

第二，宏观结构的破坏和金融危机的产生。严重的泡沫经济破灭以后，国家经济长时间处于萧条状态，资产市场崩溃，银行机构不良债务增多，实体经济中企业工厂倒闭，失业率高，形成不可挽回的经济危机。山田均（1998）、松本恭治（2000）指出在泡沫产生期间，银行为了获得贷款利益，向个人投资者、房地产公司、各种大型企业等提供大量的巨额贷款，当泡沫破灭时，这些贷款得不到偿还，贷款者宣布破产来进行风险规避，进而引发金融、房地产、企业等破产，股票市场指数断崖式下跌，个人投资者财富减少，而那些实体公司、企业因为投资停滞，消费量降低，必然会减少产出，同时失业人数增加，使得整体经济发展不畅，在这种背景下经济危机可能随时而至；洪明顺（2013）认为泡沫经济破灭的后果是对实体经济的巨大冲击，企业和工厂收益降低甚至倒闭，资金的流出使得周转不顺，减员增加，连续亏损，另外国民消费能力下降，实体市场疲软；王佳佳（2011）认为国民经济结构组成之间密切相关，某一部门的泡沫破灭将影响到整个经济体系，当资产泡沫破灭时，银行可能破产，金融危机将产生，并且一旦投资者发生资金亏损，必然就会降低他们的消费水平，投资的能力就更加无法保障了，当发展到宏观层面，那就是GDP逐渐下降，国家实施货币紧缩政策，经济衰弱；小关广洋（2008）认为金融市场密切联系实体经济部门，并服务于实体经济，帮助降低交易成本，优化资源配置，当泡沫破灭时，金融市场产生危机。

第三，宏观调控政策的失效。王佳佳（2011）认为实体物价与资产价格在泡沫经济破灭时相互作用使得国家宏观调控政策失效，中国面临通货膨胀的同时，还有可能使得资产泡沫加速膨胀，两者之间相互推动，通货膨胀必然使得保值情绪增长，促进资金流向资产市场，而资产价格的上涨又使得财富增加，进而使得物价上涨，这种实体部门与虚拟部门的相互促进、相互作用的情况，使得当泡沫经济破灭时，国家的宏观经济政策因为针对性的缺失从而失去政策应有的效应；日本学者认为在日本泡沫经济时期，中央银行持续发布低利率使得货币供应量不断增加，流动性过剩，但物价在初期并未增长，因为大量资金流向资产市场，资产价格开始暴涨，在泡沫经济末期，开始表现出通货膨胀，但此时日本政府才开始进行宏观调控，调高利率，这必然又加剧资产价格的上涨，这样恶性循环，使得为了稳定物价而采取的措施反而成了泡沫产生的必要条件。泡沫经济的破灭使得各种宏观政策失去效用。岛津秀典（2003）指出泡沫经济已经让汇率的调整不再有意义，在 CPI 稳定时期，对泡沫经济的调整就应该开始，处理好实体物价与资产价格的关系才能让经济健康持续发展；速水优（2001）认为泡沫经济产生时宏观经济政策必须进行，虽然有扩大泡沫经济的危害，但是从长远角度来看，这种暂时的经济损失对后期全国经济的发展是有必要的。

2.5　泡沫经济的监测、预警及其防范的相关研究

自从 20 世纪 70 年代以来，布雷顿森林体系崩溃，信用本位制的产生，使得各国的货币供给政策被彻底打破，实体经济不再是金融活动仅有的市场依托。David G. Blanchflower（2009）利用美国 20 世纪 80 年代的经济数据给出相关经验证据，表明货币供给增长率与经济增长率、通货膨胀之间已不再具有传统货币数量方程式所表述的关系；李腊生（2010）指出当前经济社会宏观结构发生变化，通货膨胀不仅仅是货币供给增长导致的唯一后果，目前在宏观结构上的变化，当货币需求扩展到虚拟经济部门时，货币数量方程表现出货币供给增长率和通货膨胀、资产泡沫（泡沫经济）的"二元经济"结构的关系。现代经济的"二元经济"结构特征使得经济学者们与时俱进，更多在研究通货膨胀的同时，会将重心偏移到资产泡沫的方向上，而对资产泡沫或泡沫经济的研究主要从房地产市场、股票市场等泡沫的危害性转向对资产市场泡沫的监测、预警及其防范上。

2.5.1　国外关于资产泡沫预警的研究综述

国外关于预测预警的研究最早要从宏观经济范围说起，在 19 世

纪末期，法国经济学家福里利对法国在1887至1897这十年间的经济波动情况进行了监测与测度，在他的《社会和经济气象研究》论文中，主要建立了一种以灰、黑、淡红、大红等颜色进行区分的预警体系；20世纪初，美国经济学家巴布森（1909）创建了"经济活动指数"，也是首个对美国宏观经济运行状态进行预警的方法；之后的1915年，哈佛大学的珀森斯教授创建了"哈佛指数"，这种指数也被称为一般商情指数，在13个基础信息指标基础上，进行一般商情指数的建立，它的主要来源是根据时间上的不同，分别对物价指数、生产量指数、投资指数进行构建，但是通过哈佛指数对1920—1930年之间的泡沫经济引起的大危机的预测却没有成功；在20世纪50年代，美国的经济统计学家穆尔根据三种指数——先行、同步、滞后指数，来构建新的方法，这种方法称为扩散指数，得到的系统称为景气监测系统。到了20世纪60年代，对于预测预警从理论研究开始进入实用领域，美国经济学家希斯金通过综合指数法进行指标信息的统计预测；而60年代中期，法国为了对本国宏观经济体系状态进行预警与评价，也建立了"景气政策信号制度"；到了20世纪90年代之后，金融危机发生越来越频繁，各国对经济的预警的研究和方法也越来越多，其中最主要的方法则是利用预警信号方法，通过采用判别分析法、决策树、模糊评判法、logit对数线性分析、人工神经网络对预警信号系统中的预警模型进行构建。

预警的研究开始于宏观经济，然后逐渐发展至现代经济的泡沫经济中，而泡沫经济中的风险预警预测又主要集中在资产市场中的房地产市场或股票市场。例如，在20世纪60年代，Stephen对房地产是否具有周期的波动行为进行了研究；浜田和那须（Koichiro Kamada and Kentaro Nasu，2011）通过功效系数法和金融周期指数进行早期风险预警，且成功地提前一年预期到了国际金融危机；石川（Atsushi

Ishikawa，2012）等利用同样的方法构造金融活动指数来实证解释日本历史上著名的泡沫经济；Alessi 和 Detken（2009）、Gerdesmeier（2009）、Agnello 和 Schuknecht（2009）等学者通过构建模型分析，以 OECD 国家经济数据为依据，进行资产市场泡沫的预测预警；进入现代经济体系以来，国外学者关于泡沫经济预警的研究越来越重视通过构建模型对泡沫经济进行监测和预防。

2.5.2　国内资产泡沫预警的文献综述

国内关于经济的预警大致产生于 20 世纪 80 年代，在初期主要通过引入国外关于宏观经济波动理论对我国的经济风险进行预警分析，然后逐渐建立适应我国经济体系的景气指标，通过这些预警方法对我国资产市场泡沫的预警起到了很好的作用。顾海兵（1997）将经济预警分成以下几种方法：黑色预警方法、红色预警方法、绿色预警方法、白色预警方法。其中，黑色预警方法依据警素指标的时间序列规律进行预警，没有其他自变量；黄色预警方法通过警兆指标来预警；红色预警方法在警兆的基础上加入社会环境等因素进行定性分析；绿色和白色预警方法分别通过对警素的发展情况和测量分析方法进行预警。目前为止，在我国主要使用黑色和黄色预警方法。

对于黑色预警方法，何国钊和曹振良（1996）通过景气循环法分析了选择的指标，这些指标均与房地产周期波动密切相关，周期波动以指标的环比增长率为主，最后再利用扩散指数研究了宏观经济的波动与房地产周期的关系；汪晓宇（2000）对房地产波动周期情况进行了论述，研究 1987—1998 年间的房地产市场的周期活动；丁烈云（2003）同样是抽取 9 个指标，也得出我国的房地产周期波动情况，根据实际状况，从各方面分析房地产泡沫产生的原因，讨论了对房地产波动的预警和调控。

对于黄色预警方法，其又可以分成三种：模型预警法、景气指数法、统计预警法。

在模型预警法方面，丁烈云、徐泽清（2000）通过构建房地产市场的预警系统，完成自动化的预警过程。他们以武汉为实例，以房地产经济周期理论为基础，再结合预警理论的最新方法，纳入计算机的建构模型技术，在对预警问题中的定性分析和定量技术进行有机结合后实现了这一目标。丁烈云（2002）在论文中讨论了三种房地产预警方法，分别为以景气循环波动理论为基础的预警、以系统理论的核心和核度为基础的预警、以模糊神经网络理论为基础的预警。这三种模型的预警理论相辅相成，互有不足又相互补充。基于景气循环理论的预警优势在于可以识别房地产周期的波动；而第二种预警理论则将理论与图论结合，弥补了定性在预警准则上的缺乏；第三种预警理论则通过模糊系统理论与神经网络的结合，再考虑购买者的心理特征与因素对房地产市场的影响，在预警模型中加入了人气指数这一变量，使得它更符合实际情况。这也是我国学者在对房地产预警中的理论与实际相结合的一种创新。

关于景气指数法，中房指数法、国房指数法为主要的使用方法，中房指数法是通过价格指数来看国家主要城市的房地产变化情况指标体系与分析方法；国房指数法是指通过景气指数的原理与房地产周期波动理论，抽取8个主要的指标，而且土地、市场、资金是必须具有的指标，再采用指数合成计算进行分类测算。李斌等（2003）通过景气指数法对房地产泡沫进行预警分析，发现在对扩散指数DI和指数CI计算及合成时，存在着预警的警兆不一致，从而使预警结果失真，然后通过引入精度更高的指数来消除指数之间的矛盾；余晓红、盛承懋（2004）根据国房指数的计算方法构建了房地产泡沫景气指数预警系统；黄继鸿、雷战波、凌超（2003）认为扩散指数既可以综合单个指标之间的变量波动，反映整体波动过程，又可以预测经济波动的转折点，而合成指数在预测经济波动转折点的基础上，又反映经济周期变化的强弱，所以两种指数相结合可以对房地产和宏观经济有很好的预警作用。

关于统计预警法，赵黎明、贾永习、钱伟荣（1999）认为景气指数法在用合成指数波动分析经济波动变化时，没有理论支撑，在预警中无法辨别指数的变化是由什么因素引起的，无法做到精确的变量预警，所以他们提出利用统计方法进行预警系统的构建，这种新方法可以反映出经济活动的上下波动情况，还能得出各指标的单个情况和综合结果，为房地产泡沫的预警起到明确方向和锁定目标的作用。胡鹏等（2003）构建了房地产市场的先行扩散指数预警系统，主要利用了房地产的销售率数据，再利用了时差相关分析得到了先行指标；郭磊等（2003）抽取某些重要指标进行时差相关分析，构建了深圳房地产的统计预警系统，通过对深圳房地产单指标与综合指标的结合，对房地产市场运行进行监测和预警。

从以上分析我们可以看到，国内的预警分析主要采用黄色预警方法，而其中的景气循环指数和统计预警方法，因为主要是以房地产的周期波动理论为基础，使得它们自身没有纠错能力，对数据资料完备性要求很高，会因为数据的缺失而使得预警系统无法运行。那么模型预警法自然成了目前的主流研究方向，在目前的模型预警方法中主要利用以下几种模型：自回归条件异方差（ARCH）模型、向量自回归（VAR）模型、逻辑回归（Logit）模型、TRA模型，最后是人工智能神经网络模型。而这些预警模型方法的不足之处，主要体现在对同样的资产和同样时间段的预测和预警的结果不一致上，存在着很多的结果错误或滞后性，或者仅仅是一种对现实的模拟。另外对泡沫经济或资产泡沫的预警都只是针对房地产市场或某一单独市场，没有从整个资产市场的角度进行预警，现在资产市场的结构组成越来越复杂，单一的房地产市场或股票市场已经不足以代表整个泡沫经济。而这种结构性的资产泡沫的研究从目前来看还是一片空白。

2.6 评述

经济学中的"泡沫"一词可以追溯到18世纪初的"南海泡沫事件"，之后随着全球经济社会的发展，金融市场的全球化、自由化，金融工具和金融衍生品的陆续出现，泡沫经济的产生日益频繁，泡沫经济破灭后的危害也一次比一次严重和复杂。对于泡沫经济的定义的论述，国内外学者根据各个历史事件或本国事件的发生情况均进行了自己的认识与定义，但在全球范围来说，并没有形成一个统一的定义。我们通过综合国内外学者的论述，基本上可以将泡沫经济定义为某种资产因为过度投机导致资产价格出现很大程度偏离资产的基础价值的状态。可以说泡沫经济的根源是虚拟资产的上涨完全超过了实体经济部门中资本内在价值本身的固有价值。在现代市场经济中，泡沫经济产生于虚拟资产的运作，而虚拟资产主要包括股票、债券，房地产等资产部门，当这些虚拟资产的泡沫总量占到宏观经济总量的很大比例的时候，将与各个其他部门发生联系，当泡沫破灭时必然引起经济动荡或金融危机，所以泡沫经济在现代经济体系中实际上就是指资产泡沫或资产价格泡沫。无论是对于资产泡沫还是泡沫经济的研究，我们在文献综述里都进行了多角度的阐述。从所阐述的内容来看，关于资产泡沫的综述主要还是以完全理性或有限理性，以及理性预期的假设前提为基础，随着越来越多的经济异象的出现，理性泡沫经济的解释越来越乏力，这种理性情况一旦在过程中发生些许变化，都会使研究者产生不同的视角，而这些变化包含有理性假设不再成立、假设投资者为非理性、对市场的信息反应不对称等等。近些年来出现了更多国外学者从行为金融学和实验金融学进行研究的成果，如果从更为严格的行为金融或实验金融角度来分析资产泡沫和泡沫破灭问题，借助心理学和认知科学的知识，知道投资者对后验信息处理的差异，并且知道这些差异不仅是外部原因（信息不对称等）导致的，还有可能由投资者内心的非理性或自身的认知偏差出发来研究资产泡沫，将会得到更鞭辟入里、符合实际的非理性泡沫经济的结论。

关于资产泡沫产生的原因和破灭后果的论述，是基于有效市场和理性预期的传统金融研究视角来进行解释的，虽然这些解释在一定条件下比较好地说明了泡沫经济产生的原因和后果，但随着经济结构上的变化与发展，继续假设投资者是理性的前提条件早已变得不合实际，我们身处的环境本身就不是理性的，而在不理性的环境下做出所谓的自身理性的投资根本就无法解释目前资产市场所涌现出来的一个又一个异象，比如信息反应不对称、中国之谜等等。而实际上在资产市场中，在投资者面临一些经济困境的时候，反而更容易成为行为金融学里所认为的"非理性投资者"。所以现在的学者们也慢慢认识到传统的假设前提存在着很大的局限性，Tirole（1982）证明了在传统假设下研究资产泡沫的艰难性，后来的学者们不得不放弃这些假设来进行资产泡沫的研究。这使得从非理性角度的心理学和认知理论的行为金融学对资产泡沫的研究慢慢热门起来。Scheinkman 和 Xiong（2003）、Abreu 和 Brunnermeier（2003）等等均从行为金融学的角度对资产泡沫产生的原因和破灭后果进行了研究。

我们认为目前从行为金融学的角度进行资产泡沫的研究更符合现实意义，不过传统角度的研究虽然对很多现象的解释没有到位，但这些成果都是我们现在研究资产泡沫的基础知识，只有先了解它们，才能更好地用新的方法对现代的泡沫经济进行研究。目前在资产泡沫产生原因和破灭后果上有两点共识：一是由内生因素或外生因素引起的投资者心理差异和结论差异引起泡沫产生，也叫信念异质；二是市场约束，例如资金流动性、卖空限制等，导致非理性泡沫的产生。

资产泡沫崩溃的后果大部分的学者都得出是金融危机产生的导火线，因为随着资产市场在整个经济体系所占比重越来越大，而资产对资金的高容纳性，使得资产一旦对资金吸收过多，泡沫不断膨胀，不管受到或大或小的事件的冲击都会引起资产泡沫的快速破灭（Allen and Gale，2010）。例如日本当局实施紧缩性货币政策，以及过度使用外资对国内经济的刺激等措施使得日本股票市场与房地产市场相继崩溃，最终导致全国陷入经济危机；墨西哥因为总统候选人被刺杀和某省的暴动导致墨西哥金融危机的爆发等等。泡沫经济除了这些不利的影响以外，还有一些学者认为资产泡沫在一定程度上，对经济中的不平衡现象有好的影响，王永钦等（2016）认为资产泡沫在资产市场不完全的情况下，资金的流入可能会缓解经济中的扭曲现象。如果在市场完全的情况下，市场资源得到最优配置，此时边际产出等于人口增长率；同时在竞争市场上，银行利率与资本的边际产出率相等。所以人口增长率等于利率。如果市场出现不完全情况，则利率可能会低于人口增长率，这种利率过低而使得投资过多的现象称为动态无效率问题（Diamond，1965）。在跨际迭代模型（OLG）下，泡沫资产可以作为流出一些投资延缓动态无效率的工具。如果经济中存在信贷约束，因为缺少金融资产而得不到融资，投资不足，此时将泡沫资产作为抵押品，获得外部资金的流入，从而使得资产的使用效率得到优化，整个经济体系继续保持稳定。另外，资产泡沫不仅可以让信贷资源得到更合理的配置，还能将消费与投资的结构进行优化，使得资源配置效率有了提高的可能性。所以资产泡沫从某种角度来看也有它有利的一面。虽说适度的资产泡沫有促进经济增长、优化资源配置效率的作用，但一旦资产泡沫超过一定限度，其就百害而无一利了，这一点在所有的学者中达成了共识。

在现代宏观经济体系中，货币供给对象已不仅仅是产品市场，资产市场的需求逐年剧增，在整个宏观结构中所占比重越来越大，资产泡沫、通货膨胀、经济增长与货币供给情况有了更复杂的均衡关系。资产市场相对产品市场来说，资金流动性更高，而且收益率更高，当然风险也更高，对资金的吸引力也比实体市场更大，如果出现货币供给过度流入资产市场的现象，必然导致实体经济增长缓慢，影响宏观经济稳定运行，而资产市场也有可能因资金流入过多而导致资产泡沫，甚至可能引发经济危机。因此，对泡沫经济研究的目的在于抑制资产泡沫的过度膨胀，避免资产泡沫破灭对经济运行的冲击，而要实现这一目标的前提是必须有泡沫经济识别、测度和判断的工具与方法，统计监测与预警虽然为解决这些问题提供了可资利用的方案与手段，但它们却不可能给我们提供识别泡沫经济的标准，因此，有关泡沫经济定量研究的争论最终几乎都归结到对基础价值的判断上。

从现有的研究看，基础价值的确定有两种思路，一是基于内在价值理论的思路，二是基于实体经济动态变动的思路。内在价值的评价几乎全部采用现金流贴现模型，这种评价方法看起来比较完美，但实质上它却不具有现实的可操作性。如在房产投资中，除交易发生时外（不考虑房产税），其根本就没有现金流产生，股票投资虽有现金流产生，但现金流的取值却难以预测（短期预测我们都会犯错，更别说现金流贴现模型需要对无穷期进行预测），只要预测值存在显著性差异，价值判断可能就会出现截然不同的结果。换句话说就是，以内在价值作为测度泡沫程度的基础价值，在实际应用中具有相当明显的随意性，因为只要我们调整现金流的预期值或贴现率的预期值，任何我们想要的结论都能得到，而在经济运行不稳定、市场利率波动较大的情况下，现金流的预期值或贴现率的预期值的任何调整都能给出相应的理由。就实体经济动态变动的思路来确定基础价值而言，模型的选择变得极为重要，在模型的选择过程中，是基于局部均衡来选择模型，还是基于一般均衡来选择模型，抑或是基于无套利均衡来选择模型，不同的模型将产生不同的结果。此外，即便是不考虑模型选择，在实际测算中基点和变量性质的选择也很重要，如对我国房地产泡沫的测度中，是选择1998年房改时的房价为基点，还是选择其他时点为基点，不同基点测算出来的结果往往存在较大差异，变量的选择也一样，是选择名义变量还是实际变量。所有这些问题都有待我们在研究中去探索。

3
泡沫经济与结构性资产泡沫

3.1 泡沫经济

3.1.1 泡沫经济的基本特征

目前为止，有关泡沫经济的定义还没能形成一个完全被公认的统一表述。表述的差异主要体现在观察视角上，一部分学者侧重于表征，一部分学者侧重于过程，一部分学者侧重于结果，还有一部分学者侧重于起因，但从众多定义来看，其基本的核心内涵还是一致的，简略说，就是"资产价格显著高于它的基础价值"。至于为什么会出现资产价格显著高于它的基础价值这一经济现象，它的演化过程及其经济后果如何等虽有不同的观点，但其基本特征还是清楚的，归纳起来，具体体现在以下几个方面。

第一，泡沫经济是以在市场基本因素的作用下，资产价格严重偏离资产的内在价值（基础价格）为前提。而这些基本因素主要包括：市场环境因素，投资者行为选择因素，经济政策与制度因素以及外部冲击因素等。只有当这些因素综合作用的结果使某一些或某一类资产的价格严重偏离它的基础价值，并且这种偏离表现为正向时，才可认定为泡沫经济。

第二，泡沫经济主要产生于资产市场。现代经济意义上的资产包括虚拟资产和实物资产，虚拟资产如股票、债券等，它们代表着边际产量的所有权与剩余价值的索取权，实物资产如土地、住房、黄金等，它们看得见摸得着，具有一定的使用价值。它们的共同特征是其能作为投资品，为投资者带来收益或亏损，投资者购买资产的目的不是为了消费，而是为了实现"钱生钱"。当然，作为投资品，它们本身有价值，但在信用货币制度下，它们的价值难以客观精确度量，且具有动态变动的特点，这为一些人编造"美好的故事"创造了条件，一旦众多的投资者接受了"美好的故事"，就会推动价格超常态上涨，从而引发泡沫经济。历史上所有的泡沫经济，除最早的"郁金香事件"不属于资产范畴外，其他所有的泡沫经济均发端于资产市场。

第三，资产价格的暴涨和暴跌是泡沫经济的一般性特征。无论是从相关的理论研究，还是历史事件中我们都可以看到，股票、房地产、土地甚至郁金香都因价格快速上涨而导致泡沫的迅速膨胀，一旦市场预期发生逆转或后续资金跟不上资产价格上升的节奏，资产价格便会出现断崖式下跌。另外因为人们对外部环境的利好信息的反应过度，使得投机增强，无论是表现在资产市场还是产品市场，都是价格上涨，而这种价格的上涨本身缺乏刚性需求，中间充斥着泡沫与虚假交易，都是一种人为的观念上的反应过度而导致这种价格上涨，一旦上涨到极限，泡沫终将破灭，从而有可能产生新的金融危机。

第四，整个泡沫经济是一个包含生成、膨胀、破灭的整体过程。与整体经济经历繁荣、衰退、萧条、复苏一样具有一定周期性，只是泡沫经济的周期并不像经济周期在时间上这样有规律。泡沫经济的过程有时是一个快速而短暂的过程（例如股票市场的泡沫），有时又是长期而逐步的过程（例如房地产市场的泡沫），但泡沫经济的产生总是建立在预期变动基础上，使得资金的流向发生集聚性的变化，泡沫产生的原因可以很快找到，但泡沫产生的时间点难以预计，在时间上并没有明显的周期性。

第五，泡沫经济归根结底是一种货币现象，它是特定时期过多货币追逐过少资产的结果。与通货膨胀一样，泡沫经济也属于价格的过度上涨，而支撑其上涨背后的基础就是存在过多的货币，它具有比通货膨胀还要典型的资金推动特点。因为从需求层次来看，资产投资是公众的派生性需求，而产品交易则是直接的内生性需求，只有在内生性需求基本获得满足的前提下，派生性需求才能被诱发出来，所以与通货膨胀相比，泡沫经济发生的时间更晚，只有在经济发展到一定程度以后，这一经济现象才会出现，经济愈发达，泡沫经济愈应引起更高的关注。

3.1.2　泡沫经济与经济泡沫

我们认为，泡沫经济的对象是以资产价格体系为基础的资产市场，是拥有升值预期的资产，所以研究资产泡沫是泡沫经济的基础，而资产价格的定价方式又是以资本化的定价方式为基础，由心理和观念支撑的价格体系，其运行特征具有内在的波动性（刘骏民，2004）。根据这一准则，资产不仅包含了金融产品，还包括了房地产、无形资产、某些高技术产品和信息产品，还有以这种特殊方式进行运行的有形产品和劳务，它是独立于实体经济之外的虚拟经济。

泡沫经济从生成机理的角度来看有两种类型，一种是理性泡沫经济，一种是非理性泡沫经济。理性泡沫是指在投资者心理和行为理性状况下，对资产价格的理性预期，是对资产的内在价值的体现，并且是对市场信息的充分利用和真实的反应，此时资产的实际价格与内在价值的偏离部分产生的原因并不是因为投机，而是市场在均衡条件下自发运行的结果。反观，当市场中出现非理性的大量因投机预期而产生的价格上涨时，资产泡沫将在理性泡沫的基础上进一步扩大，这时就产生了非理性泡沫，这种非理性泡沫产生的原因有很多。首先是投资者的理性假设已经不成立，因为投资者在资产市场的动机是获利。其次是非理性投资者对信息反应不对称（李腊生等，2016），无法使全部信息都准确真实地反映到资产价格上。最后，投资者的投机心理是非理性泡沫产生的关键，经济学者认为资产市场的投机过程实际上就是很多投资者相互之间的一个"博傻"过程，认为总会有比自己更"傻"的投资者来接过自己手上的高价资产，但当价格高得离谱时，总有接不下去的时候，这时候资产泡沫必然破灭。所以在市场不总是有效的情况下，非理性泡沫的产生就变为了常态。实际上，所指的泡沫经济可以被认为是非理性泡沫经济。

从以上的分析来看，资产的泡沫如果只是理性泡沫，那么这是正常并且允许的。在投资者理性预期、市场有效的情况下，该部分泡沫是一种市场投资的天然增长，我们称它为经济泡沫。当资产市场的理性泡沫产生以后，因为投资者的投机预期的非理性和对信息的反应过度，以及从众行为等心理特征的变化，而使得资金的流入暴增，必然使得价格快速并持续上升，这时理性泡沫向非理性泡沫发展，经济泡沫也越发膨胀，到达一定程度以后，就形成了泡沫经济。当预期达不到并且发生逆转时，泡沫破灭则不可避免。如果给泡沫经济的过程进行描述的话，可以将其视为理性泡沫（经济泡沫）、非理性泡沫（泡沫经济）、泡沫破灭的递进过程。

在现代经济运行及宏观经济管理中，对经济泡沫和泡沫经济的区分是有意义的，这不仅是因为它们的程度不同，而且更重要的是它们产生的原因及形成机理存在重大的差异，最终结果对经济的破坏力存在本质上的区别。经济泡沫虽说会导致资源配置达不到最优状态，但它一般不影响经济的正常运行，其存在具有长期可持续性，即便经济泡沫消失，由此造成的经济震荡也不至于引发金融危机，更不会由此引发经济危机；反之，泡沫经济则不同，它不仅会引起经济的剧烈波动，而且它不具有长期可持续性，泡沫经济一定会破灭，一旦泡沫经济破灭，金融危机往往是不可避免的，严重时甚至会引发经济危机。

3.1.3　基于行为金融理论的泡沫经济形成分析

1.行为金融学的发展与相关文献简述

内在价值理论是 Graham 和 Dodd（1934）在《证券分析》一书中提出的具有应用价值的重大理论，该理论不仅是有效市场理论的基石，而且它还是人们至今进行价值评价的工具。该理论认为，股票的内在价值主要取决于公司未来的盈利能力，市场中的股价虽然也受到其他的非理性因素的影响，但最终会回到它的内在价值上，资产的价格会围绕其内在价值上下波动。可是在内在价值中引入了主观性的判断以后，内在价值的多样性就会产生，而这样导致资产的内在价值产生很大的矛盾，因为不同的投资者会对同样的事物有着不一样的判断，评价的标准不一样，必然会产生不一致的结论。内在价值理论随着经济的发展已显现出它的弊端，于是经济学家从市场交易的情况出发，去寻找一个评价内在价值的统一标准。在这样的背景下，1970年，美国的经济学家 Eugene Fama 发表了《有效资本市场：理论与实证研究回顾》，提出了有效市场假说（EMH），在论文中他提出了市场有效的判断标准，假定股票价格反映了它的所有信息，市场是有效的。该理论指出在充分有效的资产市场中，所有的投资者都能无条件无成本地获得所有关于股票的相关信息，并且反映到股票价格上，在市场有效的情况下，任何投资者都不可能获得超额收益率。有效市场假说的提出完善了现代金融学，它是内在价值理论的拓展，其影响极其深远。正如 Michael Jenson 声称的那样，"迄今为止，没有任何一个经济学的命题能像 EMH 这样获得如此坚固的实证检验支持"。正因为有效市场假说的理论形式上的完善，也使得这个理论的生命力很长久，可惜这种长久对于日益更新和历史源远流长的经济社会来说也只是一瞬间而已。

　　在十多年以后的20世纪80年代后期，各种关于EMH的挑战和质疑被提了出来，而这些挑战主要是针对市场有效性的三个逐渐放松的假定条件：①投资者是理性的，可以对资产做出理性的判断；②在投资者有一定程度的非理性时，交易的随机性，使得非理性相互抵消，从而资产的价格并不会受到非理性因素的影响；③当非理性投资者在交易过程中犯错时，市场中的理性套利投资者会消除非理性投资者对资产价格的影响。但在现实中，理性套利投资者并不像EMH的假设一样能够有效地消除非理性投资者的错误行为，因为套利的关键是能否找到噪声交易者进行交易，在套利者卖空资产时，能否找到近似的替代品。但在大多数情况下，是找不到完全的替代品的，理性的套利并不能保证消除这种非理性对价格的影响，所以市场也就很难达到均衡状态。正是因为有了这些实际现象和质疑，所以EMH对发展的资产市场来说就越发显得不够"完善"，为了突破在资产市场中的种种"异象"，如"规模效应""价值效应""惯性效应""逆转效应""信息反应不对称"等等，新的资产价值理论也必然随之产生。1979年，心理学家卡尼曼和特沃斯基在他们发表的论文《前景理论：风险状态下的决策分析》中将心理学和金融学相结合时，也标志着新的资产价值理论的诞生，这一论文为行为金融学的发展提供了坚实的理论基础。紧接着在1982年，卡尼曼、特沃斯基和斯洛维克又发表了相关的《不确定性下的判断：启发式与偏差》，更准确地研究了人们在投资中的行为与传统的理论假设的矛盾和冲突，主要体现在风险态度、心理账户、过度自信等行为心理偏差上，这些成果是行为金融学研究史上的一个里程碑。

　　在之后的1992年，卡尼曼和特沃斯基指出：投资者在面对风险时，表现出来的行为和心理特征并不像传统的有效市场假说那样理性和以最终财富水平来进行考量，而是以一定的参照点为相对的标准，再进行收益与亏损的比较，这样每次的投资行为决策就会因为情况的不同而发生相应的变化，这样的决策受到框定效应的影响，不完全按照贝叶斯法则进行。在此期间，国外关于行为金融学的研究迅速发展，Debondt 和 Talor（1985）发表了《股票市场反应过度了吗?》，他们在文中研究了投资者的心理账户和股票投资的回报率的时间周期；Shiller（1985）通过研究股票价格的异常波动情况，考察了股票市场的羊群行为、人群流行心态与投机价格的关系等。进入 21 世纪以后，关于行为金融学角度对资产市场的研究还在继续。我国对于投资者心理的行为金融学研究从 20 世纪 90 年代以后开始兴起，比较有代表性的如：沈世峰、吴世农（1999）实证分析了我国股票市场的过度反应现象；王永宏、赵学军（2001）研究了中国股票市场的"动量策略"和"反转策略"；冯玉明（2001）验证中国股市存在着"轮涨效应"和"补涨效应"，但不存在"动量效应"；李腊生（2016）通过对我国 st 股的研究，得出股市存在着对绩优股的反应不足和对 st 股的反应过度现象。

行为金融学是一个新兴的研究领域，各国的经济学者对它的定义各有其说，并没有一个公认的定义，但它的理论核心是以卡尼曼和特沃斯基的前景理论为主。定价理论模型有行为资产定价模型，而它研究的对象主要是我们金融市场中存在着的大量"异象"，当然也对传统的金融理论进行了各方位的修正，包括自利性假定、一致性假定和最优化假定，对有效市场假说也提出了反对的观点。总之，行为金融学以投资者的人性模式，在不确定环境下研究投资者的决策行为，自卡尼曼和特沃斯基在获得诺贝尔经济学奖后，这门学科影响广泛，这种以心理学和经济学相结合的研究范式也使得它成为目前最有前途的学科之一。

2.泡沫经济的组成分析

对于泡沫经济中非理性泡沫产生的原因，很多学者都进行了相关的阐述，戴园晨（2001）从投资者的心理角度对股市泡沫的产生进行了生动形象的详细描述，他认为非理性投资者对信息的掌握不完全和反应不对称，以及对股市的追涨杀跌心理使得投资者在资产市场中很难实现有效套利；陈江生（1996）认为泡沫经济形成的原因是个人投资者不完全了解市场信息，以及对收益风险的偏好差异的不同和投机心理；吴世农等（2002）从信息的不对称、从众效应、选美博弈、反馈理论的角度对泡沫经济进行了原因分析；张维等（2009）等也从行为金融学的角度对非理性泡沫进行了比较充分的文献综述；邱奕奎等（2009）基于行为金融学的角度对非理性投机泡沫的模型进行了研究；李腊生等（2016）从信息效应非对称的行为金融角度分析了我国证券市场中股票的实际价值。

从古到今，资产投资理论随着经济社会的进步而不断发展，在理论上，经历了从"内在价值理论"到"有效市场假说"，再到"行为金融学理论解释"的过程，而与这些理论对应的资产定价模型分别是"现金流贴现模型""资本资产定价模型""噪声交易模型"。无论是从理论体系上还是从资产的定价方式上来看，都可以看到随着经济社会的长足进步，经济学的理论从原来注重物质本身转换到注重整体市场，再到拥有市场的核心投资者本身上来，因为投资者是市场的参与者，他的个人行为和心理有了集聚效应后，产生的影响是任何其他因素无法比拟的（李腊生，2004）。这些理论是以前人理论和现代经济为基础而发展的，后续的理论与模型都是对前人的理论模型的完善和修正，随着这些理论越来越贴近现实经济，那得到的理论成果也必然更加精确，所谓实践出真知，因为实践是检验生产力发展水平与经济结构是否相一致的重要工具。

根据行为金融学的理论，在市场中存在着大量的噪声交易者，所谓噪声交易者是指对于市场行为有着相似反应并且占据市场大部分数量的普通投资者，这种相似投资者采取了类似的不管是理性还是非理性的投资策略时，必然会对资产的价格产生很大的影响，泡沫的产生很正常，噪声交易模型正是基于这类对象而形成的理论模型。接下来我们通过噪声交易模型进行泡沫形成的分析。

将投资者分成两类，理性投资者a和非理性（噪声）投资者b，数量比例为$\mu:(1-\mu)$，同类之间的交易无差别。资产分为无风险资产u和有风险资产s，两者支付固定的收益r，但有风险资产是不完全弹性的，股票在时期t的价格为P_t，ρ_t为噪声交易者在非理性预期下对资产价格的错误估计价格，$\rho_t \sim N(\rho^*, \sigma_\rho^2)$，其中$\rho^*$，$\sigma_\rho^2$分别为它的均值和方差，对价格的错误估计可以通过均值看出对资产的"看涨或看跌人气"，而方差可以衡量对于非理性投资者的非理性风险。通过市场的需求与供给关系我们可以得到以下的噪声交易模型（具体过程见《现代金融投资统计分析》第四章第三节，李腊生，2014）：

$$P_t = 1 + \frac{\mu(\rho_t - \rho^*)}{1+r} + \frac{\mu\rho^*}{r} - \frac{2\gamma\mu^2}{r(1+r)^2}\sigma_\rho^2$$

当令$\rho_t = 0$时，$E(\rho_t) = \rho^* = 0$，$\sigma_\rho^2 = E[(\rho_t - \rho^*)^2] = 0$，有$P_t = 1$，基本价格为1，市场投资者均为理性投资者，正好也说明上式的特例为内在价值理论和理性假设下的有效市场假说。当$\rho_t \sim N(\rho^*, \sigma_\rho^2)$时，对上式求期望得：

$$E(P_t) = 1 + \frac{\mu\rho^*}{r} - \frac{2\gamma\mu^2}{r(1+r)^2}\sigma_\rho^2$$

从上式可以看到，有风险资产的价格由两部分组成，即内在价值和非理性投资者的错误估计的风险与收益。从上式中还可以看到，风险资产的价格与期望成正比，与风险成反比，这样我们可以认为期望

价格实际围绕着 $E(P_t)$ 进行上下波动，可以认为是理性泡沫模型。而随着理性泡沫在后期非理性投资者行为的影响下，价格必然发生改变，改变值为：$P_t - E_{t-1}(P_t) = \Delta P / \eta$，该部分几乎是由市场的或有价值来决定，即由资产的信息反应、从众行为等行为金融学的特征描述得到，它是非理性泡沫的重要成分。

这样把泡沫经济分成理性泡沫和非理性泡沫两部分，对这两部分的度量，在后面的章节中将继续进行探讨。从上面的分析来看，理性泡沫可以看作内在价值成分，而非理论泡沫如果再从内在价值理论和有效市场假说的角度进行解释，就一定会显得苍白无力，所以接下来继续从行为金融学理论的角度来进行非理性泡沫的分析。

3.基于行为金融学的非理性泡沫形成分析

在资产的泡沫经济中，股票市场历史最长，而且市场制度相对完善，代表性最强，接下来分析泡沫经济的形成机理时，均默认以股票市场为对象进行研究。

在有效市场假说中，股票市场的投资者均被认为是理性的，那么在这样一个有效的股票市场中，股票市场的价格都能反映出市场中的所有信息，那么股票的发行价格也全面反映了该股票在某一时期的全面信息。这里的有效是指股票价值对信息的反应及时、准确和全面，然而对于市场信息的这些条件在现实中却有着种种约束。对于股票的发行者，掌握信息就意味着掌握股价变化的主动权，他们不会完全透露公司的所有信息，因为这样可能会有利于自己的竞争对手，这些信息的披露会提高公司的生存成本。关于公司信息或国家层面的信息，股票市场中的投资者很难完全有效利用。一条重要的信息会引起股票价格的大幅度波动，在股市中机构投资者和个人投资者对信息的依赖表露无遗，信息的掌握程度不同会让他们在市场中的判断形成天壤之别，这种信息掌握的不平等，或对信息反应的不对称现象使得投资者很难做到理性，也正因为如此，非理性投资者群体就成为市场的主体部分。

股票与普通商品也存在相同的方面，其在本质上都有自己的内在价值，但不同的是，在商品市场的商品是用来消费的，但购买股票是为了获得更大的收益，这里的收益可以从股票的分红派息、送股得到，但更多是从股票价格的低买高卖中实现差价的投机收益。正因为市场中有追求股票买卖差价的动机，从而大部分投资者处于掌握信息不完全和行为不再理性的状态，当然如果股票市场中只有想得到分红派息的投资者，而没有追求差价的投机者，则股票自然就不会脱离内在价值，泡沫也就不会产生了。

当股票价格因为非理性的投机行为而脱离内在价值快速上涨时，必然会产生非理性的泡沫，这些非理性的泡沫从行为金融学的角度来看，可以分别从信息不充分与信息不对称、从众心理、选美博弈、反馈理论等等特有行为心理来进行分析。

①信息的不充分与信息的不对称。在股票市场中投资者对股票价格会有一个预期，实际上未来股价的波动是公司的未来业绩与发展围绕内在价值变化的一种股息红利。可是因为未来公司发展的不确定性很大，这些不确定性产生的信息使得投资者有了关注的对象，因为通过这些信息的获得，他们可以从中得到股票买卖的投机差价收益，但这些信息的获取必须具有时效性，才能获利。而实际上个人投资者是很难得到这样及时的市场信息的，并且这些信息在得到的时候不仅不及时，而且也不充分，这样加剧了他们的非理性行为。非理性投资者占据了主体部分，他们的行为与对股价的过度预期必然使得他们成为追涨杀跌的主要群体，这样只会使得股价更进一步上涨，使得股票的价格严重偏离内在价值，形成非理性的泡沫。

②羊群效应、从众行为、选美博弈。因为前期对信息掌握的不充

分和与机构投资者得到的信息差异，这时候非理性投资者认为自身不能提供最优的投资决策，所以认为其他投资者的最优选择是自己的最优选择，放弃自己的决策（凯恩斯，1936），认为别人买的股票是因为获得某种利好消息而跟着买进，同样卖股也是认为其他人得到了利差消息而跟着卖出，产生了"从众行为"，最后形成所谓的"羊群效应"。凯恩斯曾说过："循此成规所得市价，只是一群人的无知心理的产物，自会因群众心理的突然变化而产生剧烈的波动。"在"选美博弈"的解释中他说，在报纸上的一百张美女照片中选出最美的六个人，如果人们选择的结果与评委选出来的最美六个人的平均数目相同，则获奖的可能性最大，这时候每个参加者在选择最美六人的时候，并不是选择自己认为最美的，而是选择自己认为评委认为最美的，通过自己的心理博弈和主观臆测进行选择。而这种心理变化规则在股票市场中也是存在的，投资者在信息不充分的情况下，可能通过对其他投资者的观察而判断是否来进行交易，这样一环扣一环，可能市场中很微小的一个信息波动都会产生巨大的涟漪和对个人的心理冲击，这种通过"选美博弈"而产生"羊群效应"，也引起了投资者的非理性行为。

从上面的分析来看，市场中众多的散户投资者的非理性行为使得他们采取从众行为，进而产生"羊群效应"。不过在后来的研究中，人们发现投资者自身追求利益最大化也会加剧非理性行为。Allen 和 Corton（1993）分析了基金管理者在信息不对称的条件下，他们的投资策略也使得泡沫产生。基金管理者自身并不能进行投资行为，但他们可以对公众的基金进行经营，当他们的基金收益为正的时候，可能通过购买其他类似的替代产品进行获利，这也是一种投机行为，而行为的后果也自然会产生投机泡沫，因为这些管理者在资产价格处于上升趋势时，也会跟风和造势，在知道这些资产处于泡沫状态并会破灭的情况下，仍认为他们不会是泡沫破灭的承担者。根据"博傻"行为，后面必然还有更多的非理性投资者冒险接过这一棒。所以这些非理性行为并不一定只存在于个人投资者，也存在于这些市场的基金力量，当这些人参与时，非理性泡沫将会变得越来越膨胀。

③反馈理论。这种行为心理的特征实质上是人们通过资产过去的价格表现而对未来的价格进行预期反应，认为之前上涨的股票必然会接着上涨，下跌的股票会继续下跌，这种心理自然就产生了追涨杀跌的效应，也自然加快泡沫的膨胀或破灭时的速度，在破灭之前则会使得价格变动的幅度加剧，这种反馈理论也被人们称为恶性循环，是非理性泡沫程度加深的"最佳"工具。

泡沫有理性泡沫和非理性泡沫的区分，理性泡沫就像啤酒里的泡沫一样，只有这些泡沫才能使得它更有味道，是股票市场中必要的泡沫，而非理性泡沫是人们因为非理性的投机行为而生产的泡沫，两种泡沫有本质的区别，加以区分有着好的统计意义。我们应该尽量避免理性泡沫在市场信息或公司并购等一些理性现象下让市场因为非理性行为而产生非理性泡沫。在股票市场中个人投资者的非理性总是使得他们在资产价格处于低价时不敢买进，而是等到价格涨起来以后因为从众行为、"羊群效应"而跟风买入，追涨使得股票价格不断上涨，使得理性泡沫变成非理性泡沫，最后使得泡沫越来越大，直至泡沫破灭，当泡沫破灭而股价暴跌的时候，个人投资者往往成为最大的财产损失者。

3.1.4 泡沫经济的现实成因和危害

1.泡沫经济的现实成因

第一，货币政策的实施不当与金融市场监管制度不够完善。我国在货币政策实施方面在早期一直采用1∶8的经验公式，使得中国存在着"超额货币供给"现象。在这样的背景下，在金融市场监管制度不够完善、力度不够大的情况下，人们为了获取高额收益率而使得资金过度流入资产市场，包括股票市场、房地产市场等等这些高风险领域。一旦投机度过高、泡沫增长过快，将会产生泡沫经济，在很多著名的历史事件中都得到体现，例如美国的房地产泡沫事件、日本的经济危机等等。在20世纪80年代的日本，为了刺激经济的发展，采取了相当宽松的金融政策，大量资金流向股票市场和房地产市场，致使股价和房价一路攀升。当时日本国营铁路公司以20倍的溢价向私人出售公司股票，人们掀起了投机购买热潮，股价由5万日元暴涨至300万日元，日经指数也飞速飙升，很多人获得百倍的利润，同时随着大量国际资本进军日本房地产。1985年，美国、英国、法国、德国、日本签订"广场协议"，越发刺激了房价上涨。在这几年间不管是股市还是房地产市场的价格均暴涨数倍，很多日本百姓在追利的驱动下，用自己的积蓄进行两市的投机，致使股价，尤其是地价上升到很荒谬的程度，很多人即使劳作一生也无法在城市买到一套住宅。任何泡沫都有破灭的时候，并且是快速的，随着国际资本的获利退出，日本当局也为了抑制物价的上涨，在当时提高了银行贴现率。1990年"海湾危机"时，日本政府为了避免因石油价格上涨引起的通胀，又采取了紧缩政策，进一步提升了贴现率，日本的房地产与股票市场泡沫经济交替迅速破灭，各资产价格均暴跌，因为房地产泡沫而引发了更严重的宏观上的财政危机，导致日本后来漫长的经济衰弱，直到现在这种影响仍然存在，这也是日本在第二次世界大战战败后的又一次经济上的失败。日本的泡沫经济显然与当局的货币政策的不当密切相关。

第二，银行等金融机构风险转移、信贷扩张过度，道德危害。很多金融机构为了获得更高的收益，降低贷款门槛，放松金融贷款监管、审查，使得贷款手续很简单，这样信贷会扩张过度。而当贷款流入金融市场以后，资产价格高速增长，增加了泡沫的程度，如果投资成功，获得高额收益，将诱使更多的资金流入，这样资产价格越来越高，使得更多的投资者有了更高的价格上涨预期，必然导致泡沫的程度越来越大，最后泡沫破灭，投资失败，资产缩水，投资者无法收回成本甚至亏损严重，银行的大量资产和贷款无法回收，这些金融机构必须接过投资者的风险和亏损，出现大面积的坏账、死账。如果广大居民对银行失去信心，出现挤兑、提现等严重现象时，必然导致银行危机，致使国家产生金融危机。

第三，社会经济结构性失衡严重。当发展中国家的实体经济停滞不前，而资产市场流入过多资金时，就产生了货币结构失衡，这样资产市场过度膨胀，产生泡沫经济。20世纪70年代以后，东南亚和美洲等发展中国家的工业发展迅速，经济快速增长，因为受到发达国家的经济政策的影响，所以推行货币虚拟化，也就是推进虚拟经济的发展，想通过虚拟经济的增长拉动国内整体经济的持续增长，大量资金流入资产市场，资产市场监管自由化，但虚拟经济的增长大大超过实体经济的增长速度，使得实体经济的承受压力过大，生产速度无法跟上，最后资产市场泡沫破灭，导致国家经济危机产生。比较有代表性的就是泰国，在国家实体经济出现比较严重的结构性问题的时候，泰国政府实行一系列的扩张性货币和财政政策，进行激进的改革，使得实体经济的增速远远落后于虚拟经济，并且外资大量流入到虚拟经济市场，使得泡沫进一步扩大，当这些资金最后抽离的时候，泡沫一下破灭，导致泰国产生严重经济危机，最后演变成亚洲金融危机。

第四，国际游资的流动性。很多经济发达国家的短期投机主义者追求高额收益率，经常在一些发展中国家进行短期性投机，在泡沫经济产生的过程中起着推波助澜的作用，加速泡沫破灭。他们趁一些发展中国家在资产市场的经验不足和监管力度不够，进入资产市场进行投机，通过反向压低股票价格进行购买，再通过高价进行大规模的抛售，牟取暴利后撤离，恶意破坏资产市场的运行规律，导致泡沫经济加剧。

2.泡沫经济的现实危害

第一，破坏社会资源配置结构、方式和效率。在泡沫经济产生之前，因为虚拟经济的高额收益率和回报率，使得货币资金流入资产市场，当产生泡沫经济以后，虚拟经济市场的膨胀使得实体经济的资金短缺，货币结构失衡，阻碍了国家经济的发展，资产价格的上涨使得利率大幅上升，这样实体经济的发展则因为成本的增加而增长缓慢，并且因为收益过低资金的流入也太少，生产成本过高，消费价格增长，国内消费过低，而出口也受到阻碍，资源配置方式的错误直接导致国家经济发展受到阻碍。

第二，金融危机的产生。在泡沫经济中，因为投机行为的盛行，使得资产市场对资金的吸引力大，大量资金的流入使得银行提高利率，金融机构获得高额收益，同时对贷款的审核标准的放松、货币政策的扩张让泡沫经济的程度越来越大。资产价格的无限上涨，让投资者的追高情绪一路高涨，当泡沫经济破灭的时候，资金亏损，银行无法收回资金，投资者没有办法只得转接风险，国家经济受到冲击，其严重程度不断加大，最后必然导致金融危机。

第三，居民消费方式的扭曲和收入的两极分化。泡沫经济的产生使得个体投资者的资金虚假增长，从而使得居民消费过度，一旦泡沫破灭，资产被套，投资者亏损严重。在消费增加的时候，因为国内实体经济没有变化，所以必然使得进口加大，实体企业的资金成本、人力成本和生产成本都加大，出口竞争压力加剧，破坏了整体贸易平衡，巨额贸易逆差使得国际收支状况恶性循环。另外个人投资者的严重亏损，使得国民财富缩水，而少部分人因为泡沫经济越加富有，这样加大了贫富差距，当产生经济危机的时候，社会稳定受到严重威胁。

3.1.5 现代经济的结构性特征

行为金融学不再完全依赖有效市场理论关于投资者是理性的和整个市场完全有效的假设，认为除了依赖内在价值而存在的理性泡沫以外，还有因投资者的非理性行为而产生的非理性泡沫，把泡沫的成分分成了两部分。随着现代经济的发展，这样的分析也越来越符合现实情况，从行为金融学的角度能很好地对这些泡沫组成成分和形成的原因进行充分的解释。关于泡沫经济的研究，很多学者从不同的角度和层次都进行了详细的介绍。

泡沫经济产生的范围主要是在资产市场，而资产市场对应的虚拟经济这些年以来正以极快的速度发展。在20世纪70年代以后，布雷顿森林体系崩溃，取而代之的是信用货币制度，全世界各国的银行均摆脱了黄金储备的限制，更依赖自身的货币政策，也就是说资产市场的发展对实体经济的依赖被打破，国际资本的流动加快，并且随着各国资产市场的快速发展，资产的流动更加具有了自身的独立性，使得国家的货币供给方向有了更多的选择，整个经济的宏观经济结构都发生了变化。而实体经济也并没有像传统货币数量方程所描述的那样，因货币的供给过多而产生通货膨胀，反而还有可能出现通货紧缩现象，但资产泡沫的产生却日渐频繁，这也使得人们对泡沫经济的研究更加深入。实际上，泡沫经济的产生也主要出现在资产市场，所以也可以称为资产泡沫，资产泡沫对应的主要是资产市场，而资产市场的繁荣，使得现代金融"脱媒"现象更加明显，资产市场的独立性特征的发展也越发快速。一边是资产市场的飞速发展，一边是实体经济或产品市场的止步不前甚至空洞化，这时候市场已经很明显地出现了"二元经济"特点，正是这种特点的产生，使得经济学者们不再仅仅关注原来单一的实体经济产生的通货膨胀现象，而是多方面地去关注资产市场所对应的资产泡沫问题。

从宏观经济运行来看，随着信用货币制度的变革，金融活动的独立性越来越明显，几乎已经摆脱了对实体经济的依附。传统的货币数量方程体现了单一实体经济市场中货币供给增长率与通货膨胀的关系，可是随着资产市场的迅速发展，这种传统数量方程所体现的对应现象已满足不了当下经济体系的状况。因为在世界宏观经济中出现了一些并不符合传统数量论的现象，例如货币的超发并没有引起国家经济的通货膨胀，甚至出现货币供给增长与通货膨胀呈反向变动的情况。也就是说一旦传统的货币数量方程的等式关系被打破，那这个方程对于之前总体性的关系式就不再成立，不再是一个宏观均衡式，而是一个局部均衡等式，如果要继续成为总体宏观上的分析式，则必须加入目前已明显独立的虚拟部门或资产市场。当加入这个部门以后，宏观结构就发生了变化，由之前的货币供给和通货膨胀两部门，变成现在由货币供给、通货膨胀、资产泡沫组成的三部门。自然，关于泡沫的研究也就变成了宏观结构性的研究，因为从宏观结构来看，包含实体经济与虚拟经济，而继续再从这两部门来看，也包含它们的内部结构。实体经济的内部为产业结构，根据现在的统计制度，它对应的是通货膨胀；虚拟经济的内部为资产结构，所对应的是资产的泡沫经济问题。目前，在货币超发的经济背景下，资产泡沫必然存在，从目前关于资产泡沫的研究来看，几乎所有的学者都把资产泡沫的对象以某一个特定的资产为主，例如把资产泡沫等同于证券市场的泡沫或房地产市场泡沫，而没有从整体结构的角度进行研究。根据行为金融学理论，市场中资产泡沫的无套利均衡基本无法实现，我们将资产市场这种结构性的问题称为结构性资产泡沫。

3.2　结构性资产泡沫

3.2.1　传统货币数量论的发展、回顾与评述

20世纪初，美国经济学家费雪（Fisher，1911）在《货币购买力》一书中提出了著名的货币数量方程：MV = PT（M，V，P，T分别表示货币供给量，货币的流通速度，一般价格水平，商品的交易总量），该方程的建立奠定了货币数量论的重要基石，也是货币数量论成为体系的重要标志。通过方程关系式，费雪认为：当货币的流通速度和商品的交易总量不变时，物价的一般水平与流通货币量成正比，并且是货币数量决定物价，而不是物价水平决定货币数量。随后，剑桥学派的代表人物庇古（Pigou，1917）针对货币数量方程中有关货币流通速度的相关缺陷，依据货币需求提出了著名的剑桥方程式：M = kPY（M为现金余额，k为现金余额占全部财富的比例，P为物价水平，Y为以实物形式计量的全部财富，即总产出），他认为：人们以货币形态贮存的财富和收入是他们的"备用购买力"，而这部分备用购买力的多少由以货币形态保持的实物价值来决定，那么不管国家货币供应量的多少，它的货币的总量只能等于以货币形态保持的实物价值，货币的单位价值由货币数量与以货币形态保持的实物价值的比值决定。该思想强调了人们的持币时间和数量与货币流通速度的相互影响关系，这种关系影响到货币的价值，体现了货币总量、物价水平、货币需求的关系，是对费雪货币数量论的一个改进。到了20世纪50年代，弗里德曼（Friedman，1956）从货币需求的角度出发，

对货币数量方程进行了重新表述，自此，货币数量方程式被统一成：$MV = PY$，其不仅为现代货币数量理论奠定了基础，而且也为宏观经济总量分析提供了一个有效的分析工具。

对货币数量方程 $MV = PY$ 进行微分处理，并两边同时除以 MV 得：

$$MdV + VdM = PdY + YdP$$

$$\frac{dM}{M} + \frac{dV}{V} = \frac{dY}{Y} + \frac{dP}{P}$$

记 $m = \frac{dM}{M}$ 为货币供给增长率，$v = \frac{dV}{V}$ 为货币流通速度增长率，$y = \frac{dY}{Y}$ 为经济增长率，$\pi = \frac{dP}{P}$ 为通货膨胀率，则上式变成：

$$m + v = y + \pi \tag{3-1}$$

如果 $v = y = 0$ 时，则 $m = \pi$，也就是说当货币流通速度增长率和经济增长率（产出水平）不变时，货币供给增长率与物价水平增长率变动比例相同。这也就证明了费雪方程式的结论：当货币的流通速度和商品的交易总量不变时，物价的一般水平与流通货币量成正比。另外，通过（3-1）式还可知，超额的货币供给必然会导致通货膨胀，通货膨胀是一种货币现象，超额的货币只能追逐较少的物质商品，从而产生通货膨胀也就不再奇怪。货币供给的超额是通货膨胀的充分必要条件，这从量的关系上说明了货币供给率、经济增长率、通货膨胀率的关系。

现代货币数量理论自建立以来，一直是反映货币供给与通货膨胀、经济增长之间联系的有力工具，虽然很多学者对它的切入点进行了质疑，但最后的结论却没有发生过改变。货币数量论被认为是历史上十大经济学原理之一，被各国奉行不悖，我国在货币政策制定方面也一直按照此方程的思想进行，在20世纪下半叶，我国一直奉行 1∶8

的经验公式。然而，随着经济社会的不断发展，货币数量方程的结论已经越来越不能满足当下经济社会实际状况，不能对出现的一些现象进行合理解释，例如通货紧缩和资产泡沫并存的异象。而在美国近代尤为明显，货币数量方程基本失效或前后不一致，对于这一现象产生的原因，可能并不在于方程本身的构建是否错误，而是在于构建这个理论的历史背景和理论含义与现在的经济制度的不匹配，因为随着经济社会的发展，经济理论的发展也必须适应新的经济环境（李腊生，2010）。理论的构建、经济统计制度、货币政策如果不一致必然会使得传统的货币数量论产生偏差，这些原因的具体表现可以从以下几点来探讨：

（1）关于现代物质平均价格、通货膨胀率统计制度的落后。具体表现为：首先是在统计实物价格的通货膨胀率的指数时产生的偏差，因为在统计时对商品的不完全，导致加权的权重也不准确，使得偏差明显；其次是在现在的国民经济核算体系中仍使用传统货币数量方程对应的两部门经济，也就是货币市场和实体市场，而我国在20世纪90年代以后，以股票市场为代表的虚拟经济高速发展，近些年早已发展了具有独立特性的金融资产，而对这个占重要组成部分的忽略更显出传统数量方程的缺陷。

（2）货币制度的变化使得货币职能发生变化。在传统货币数量方程时期，基本都是采用金本位制，货币的主要对象为实际商品，货币只有交易媒介的职能，那么与实体经济对应的通货膨胀率自然就随着货币供给的情况而相应变化，在货币市场与实体市场的两部门下，货币的职能单一，国家只要给出相应的国民经济核算体系就够了，这样也使得传统货币数量方程与当时的国家经济政策是相统一的，具有良好的一致性。不过随着布雷顿森体系崩溃，信用货币制度的建立，货币的职能不再仅限于交易性，而是独立于商品交易之外，资产市场的不断发展，金融衍生品的愈加丰富，使得货币本身也具有了独立性，货币供给的流向不再只是实体经济，虚拟经济部门的大量需求使得货币供给有了新的方向，或者说货币需求结构发生了质的变化，从原来单一的实体经济的交易性需求，变成现在两方面的交易性需求和资产市场的投机性需求，那么传统货币数量方程对应的单一实体经济自然无法满足现代因为货币需求改变后的新结构模式。

（3）货币职能范围的扩展与通货膨胀率度量不相宜。从传统的货币数量方程可以看出，货币职能范围只是对应实体经济中商品交易中的交易功能，是一种交换媒介和派生需求，在早期这种统计和职能是正确的。随着资产市场的发展，货币在资产市场中产生了独立性，钱生钱的现象不再稀有。这样对货币的需求就从原来的实体经济发展到有着更大需求的虚拟经济或资产市场，那么国民核算经济体系不再有效准确，整体经济社会的货币需求结构发生了重大变化，货币数量方程的 PY 却仍对应的是实体经济的商品交易核算，没有发生相应的调整，那么自然就会产生货币数量方程的不一致了。

3.2.2 传统货币数量方程的扩展和结构性资产泡沫

从上节关于传统货币数量方程的评述来看，随着现代经济结构的变化，对于货币数量方程的改进势在必行，以下便来讨论有关货币数量方程的扩展问题。

1.传统货币数量方程的扩展理由

随着金融脱媒现象的出现，虚拟经济的快速发展使得货币独立运动所形成的货币需求开始变得不可忽略，产品市场货币需求已不再是货币总需求的全部，而只是货币需求的一部分，交易性需求与投机性需求使得货币需求不再单一，由此货币数量方程式便可能不再成立[①]。如David G.Blanchflower（2009）利用美国上个世纪80年代的经济数据给出了相关的经验证据，实证分析表明，货币供给增长率与经济增长率和通货膨胀率之间并不存在货币数量方程所表述的那种关系，传统货币数量方程失效；C.Hillinger等（2015）认为在流动性偏好不变的假设下，货币数量方程对高通货膨胀有效，但是对中等或低的通货膨胀失效；C.W.Su等（2016）利用Granger因果检验，通过全样本和子样本滚动窗口估计测试中国的现状是否支持货币数量理论，但结果表明在不同样本和考虑结构变化的情况下，货币供应量的增长对通货膨胀既有积极也有消极的影响，无法得出货币数量方程成立的结论。实际上，美国宏观经济运行不满足货币数量方程式的现实可从2008年金融危机之后的状况看得更清楚。2008年，美国的M_2/GDP为0.56，到2013年上升到0.66，2009—2015年，美国M2的增长去掉受实体经济影响的年平均值后为4.95%，而同期CPI却只有2.68%。我国改革开放后的情况与美国类似，总体上也不支持货币数量方程式（吴晶妹，2002），广义货币供给增长率与经济增长率和通货膨胀率在量上的偏差更为明显，1993—2015年，我国M2的增长去掉受实体经济影响的年平均值后为9.7%，同期CPI平均增长率仅为2.6%，两者相差7个百分点。特别是2009年，除去实际经济增长率后的货币增长率高达19.2%，而同期的CPI仅为-0.7%。甚至用同期的相关数据计算后，一部分学者还发现，我国货币供应量增长率与通货膨胀率之间还表现出明显的负相关关系（帅勇，2002；易纲，2016）。

对于货币数量方程失效乃至我国宏观经济运行中所表现出的货币供应量增长率与通货膨胀率之间的负相关关系的原因，不少学者从多

---

① 货币数量方程式不成立并不意味着弗里德曼有关通货膨胀的相关论述不正确，只是在我们看来，通货膨胀无疑是一种货币现象，它一定是过多的货币追逐过少的商品的结果，但过多的货币未必然引发等量的通货膨胀。即在现代信用经济条件下，货币超发是通货膨胀的必要条件，而非充分条件。

方面进行了解释。伍志文（2002）通过引入以资本市场为代表的虚拟经济部门，将只含有实体经济部门的货币数量关系扩展到资本市场，提出了包含商品市场和货币市场的广义货币数量论，研究发现，"超额"的货币在资本市场的涌入是货币供应量与物价关系成反比的直接原因，经济虚拟化的过程导致了货币数量方程式的失效；伍超明（2003）认为，随着现代经济中虚拟经济的发展，传统的两部门的货币数量论对经济活动的解释已明显不足，必须把虚拟经济部门纳入形成三部门模型才能更真实地反映现代经济现象的本质；李腊生等（2010）认为，导致货币数量方程失效或前后不一致的原因不在于构建方程本身的思想，而在于理论内涵与现实相关制度的偏差或者说是现有统计制度与方法、货币制度与理论构建前提的不一致，当我们将货币需求扩展至虚拟经济部门时，货币数量方程就不再只是货币供给增长率与经济增长率和通货膨胀率的关系，而是货币供给增长率与经济增长率、通货膨胀率和资产泡沫的关系；陈彦斌等（2015）则抛弃了货币流通速度不变的假设，通过对2008年金融危机以后我国相关数据分析后发现，由于我国房地产泡沫的膨胀和地方政府债务的扩张增强了家庭和政府的货币持有意愿，使货币流通速度下降并导致通货膨胀的相对降低，从而致使不变货币流通速度假设下的中国货币数量方程失效。

从对于货币数量方程失效乃至我国宏观经济运行中所表现出的货币供应量增长率与通货膨胀率之间的负相关关系原因的各种解释来看，绝大多数学者都抓住了问题的实质，即在市场出清的条件下，货币数量方程只是产品市场的一个恒等关系式，如果货币金融活动完全依附于产品市场，这种恒等关系式一定不会遭到破坏；然而，当货币金融活动并不完全依附于产品市场，而是具有独立运行的特征（出现脱媒）时，其衡等关系一定被打破，因为这时的货币数量方程式只是一个局部均衡关系式，而非宏观经济总体均衡的恒等式。一旦对货币数量关系的分析从局部均衡分析上升到宏观经济总体均衡分析的层面，货币数量关系除了有总量问题外，宏观结构问题便凸显出来，我国货币供应量增长率与通货膨胀率之间所呈现的负相关关系其实不是一种真实的货币数量关系，而是货币流动结构性失衡的结果。伍志文（2003）对此进行了系统的分析，在他看来货币流动结构失衡的程度远大于货币总量失衡，而造成的原因是大量的资金通过货币市场流向资产市场，以致金融资产的价格过度上涨，使得虚拟经济内部产生结构性资产泡沫；刁思聪等（2011）、何诚颖等（2011）、余壮雄等（2014）等研究了资金流向的非均衡性，并分别利用VAR模型、非限制性VAR模型和贝叶斯模型平均（BMA）方法对导致我国资金流向非均衡性的原因进行了实证考察。已有的相关研究对于我们正确认识货币流动结构性失衡问题以及资金流向非均衡性所带来的经济后果无疑具有重要的意义。然而，由于现有的研究缺乏一个统一的理论框架，实证分析模型选择又似乎具有一定的随意性，致使对导致货币流动结构性失衡的动因的分析结论不一致，同时，多因素和非一致性因素分析的结果不仅使问题复杂化，而且最终难以形成可操作的政策实践。

从宏观经济结构来看，其包含两个层面的结构问题，一是实体经济与虚拟经济，另一则是实体经济与虚拟经济的内部结构，实体经济的内部结构即为产业结构，虚拟经济的内部结构为资产结构。现行的统计制度决定了与通货膨胀对应的是实体经济和实体经济的内部结构，它是经济学家长期以来一直潜心研究的领域。相比较而言，与资产泡沫对应的虚拟经济和虚拟经济的内部结构受到的关注程度要低得多，尤其是对虚拟经济内部结构及其资产的结构性泡沫问题，没能引起足够的重视与系统性的探讨。本书试图在扩展的货币数量方程框架下，借助适当的统计模型来探讨实体经济与虚拟经济内部结构中货币流动的驱动因素，并依据驱动因素自身的变动特征来揭示实体经济与虚拟经济内部结构中的结构性资产泡沫。

2.传统货币数量方程的扩展与结构性资产泡沫

从20世纪70年代开始，全球经济展现了新的发展趋势，资产虚拟化的现象不断加剧，世界的金融资产快速膨胀，在这样的背景下，美国顺势推出了停止通过黄金兑换美元的政策。布雷顿森林体系崩溃，货币信用制度建立，使得货币在实物货币之后彻底地虚拟化。在进入新世纪以后，货币又出现了新的形式——电子化，这样使得虚拟货币被社会给予了"价值"，具有了独立的属性。经济虚拟化的发展使得整个世界的经济结构发生了重要的变化，虚拟经济从实体经济交易单一的附属交易媒介逐渐具有自身的独立需求和交易领域，随着各国经济的发展与壮大，虚拟经济成了经济组成的重要部分，金融市场成了现代经济的核心。传统的货币数量理论作为早期揭示通货膨胀、经济增长与货币数量之间关系的理论，是解释通货膨胀等有关现象的最好工具，但是随着现代经济部门的多元化，尤其是全球货币制度安排转向信用本位，以及虚拟经济的快速发展，使得传统货币数量方程的解释不再有效，甚至有可能得到相反的结论。因为传统货币数量方程是建立在实体经济基础上，以资金流动依附于产品市场交易为前提的两部门经济模型，根本上忽略了现代经济中占比重越来越大且以独立性资产运作的虚拟经济部门，而正是以资产市场为核心的虚拟经济打破了原有的两部门均衡，货币增长率与通货膨胀率之间不再是单纯的相向而行的关系，资产价格，尤其是资产泡沫越来越引起了政府与社会公众的关注。然而也必须看到，无论从现行的宏观经济核算还是宏观经济运行的实质上分析，都不难发现传统货币数量理论所构建的基本思想仍然适用于现代经济，不同的只是要将货币需求从实体经济扩展至虚拟经济中具有独立运行特征的部分。按现行宏观经济的市场两分法，即产品市场和资产市场，货币需求除了要包括产品市场交易的需求外，同时还必须包含资产市场中具有独立运行特征的部分。

假设资产市场由 n 类资产组成，$R_i(i = 1, 2, 3, \cdots, n)$ 为第 i 个资产交易的平均价格，$K_i(i = 1, 2, 3, \cdots, n)$ 为第 i 个资产独立于实体经济的交易量，则传统的货币数量交易方程便可扩展为：

$$MV = PT + \sum R_i K_i \tag{3-2}$$

如果产品市场是出清的，则（3-2）式的交易方程就变为含虚拟经济的货币数量方程：

$$MV = PY + \sum R_i K_i \tag{3-3}$$

对（3-3）式进行微分可得：

$$MdV + VdM = PdY + YdP + \sum R_i dK_i + \sum K_i dR_i$$

两边除以 MV 后得：

$$\frac{dM}{M} + \frac{dV}{V} = \frac{PdY}{MV} + \frac{YdP}{MV} + \frac{\sum R_i dK_i}{MV} + \frac{\sum K_i dR_i}{MV}$$

记 $m = \dfrac{dM}{M}$，m 为货币供给增长率；$v = \dfrac{dV}{V}$，v 为货币流通速度增长率；$y = \dfrac{dY}{Y}$，y 为经济增长率；$\pi = \dfrac{dP}{P}$，π 为通货膨胀率；$r_i = \dfrac{dR_i}{R_i}$，r_i 为第 i 种资产平均收益率；$k_i = \dfrac{dK_i}{K_i}$，k_i 为第 i 种资产独立交易规模增长率。则上式就可写成：

$$m + v = \frac{PY}{MV}(y + \pi) + \frac{\sum R_i K_i (r_i + k_i)}{MV}$$

令 $\alpha = \dfrac{PY}{MV}$，α 为实体经济对货币的吸收率；$\beta_i = \dfrac{R_i K_i}{MV}$，$\beta_i$ 为第 i 种资产独立交易对货币的吸收率。则上式变为：

$$m + v = \alpha(y + \pi) + \sum \beta_i (k_i + r_i) \tag{3-4}$$

其中 $1 > \alpha$，$\beta_i > 0$，因为实体经济在整体经济中的比重不可能小于或等于 0。如果货币流通速度不变，即 $v = \dfrac{dV}{V} = 0$，则：

$$m = (y + \pi)(1 - \sum \beta_i) + \sum \beta_i (k_i + r_i)$$

$$\pi = \frac{m - \sum \beta_i (k_i + r_i)}{1 - \sum \beta_i} - y$$

从上式来看，通货膨胀率 π 在新的货币数量方程的推导中，不仅与总的货币供给增长率和实体经济的经济增长率有关，而且还与虚拟经济的收益率和规模增长率、对货币的吸收率有关。

当设 $y = 0$ 时，通货膨胀率为：

$$\pi = \frac{m - \sum \beta_i (k_i + r_i)}{1 - \sum \beta_i} \tag{3-5}$$

（3-5）式可以看成通货膨胀的新关系式，该式也说明：通货膨胀与货币供给增长率、资产市场对货币的吸引率、资产市场的发展状况有关，也就是说如果政府货币政策的实施不当导致了通货膨胀，那么我们可以通过对资产市场的 r_i，k_i，β_i 的改变，控制因为货币超发等货币政策不当而造成的通货膨胀。也就是说货币超发不再是通货膨胀的充分条件，可以通过（3-5）式继续得到：

如果 $\pi > 0$ 时，则：

$$m > y + \sum \beta_i (r_i + k_i - y) \tag{3-6}$$

（3-6）式是产生通货膨胀的充分条件，说明如果货币供给过多，市场却无法均衡吸收时，会产生通货膨胀；当货币供给一定时，但虚拟经济部门没有得到相应风险补偿，也会出现通货膨胀。所以货币供给除了总量保持均衡外，资金流向的结构性稳定，对整个市场的运行也起着关键性作用。

根据：$m = (y + \pi)(1 - \sum \beta_i) + \sum \beta_i(k_i + r_i)$

$m = (y + \pi) - \sum \beta_i(y + \pi) + \sum \beta_i(k_i + r_i)$

$m = (y + \pi) + \sum \beta_i(k_i + r_i - y - \pi)$

$[m - (y + \pi) - \sum_{j \neq i} \beta_j(k_j + r_j - y - \pi)]/(k_i + r_i - y - \pi) = \beta_i$

$$r_i = [m - (y + \pi) - \sum_{j \neq i} \beta_j(k_j + r_j - y - \pi)]/\beta_i - k_i + y + \pi \qquad (3-7)$$

在 m = 0 的情况下，$r_i = -(y + \pi)(1 - \sum \beta_i)/\beta_i - \sum_{j \neq i} \beta_j(k_j + r_j)/\beta_i - k_i$，产生资产泡沫的可能性则大得多，因为经济的绝对衰退和其他资产市场的严重萎缩均有可能导致某类资产出现泡沫。反之，当 m > y 时，则必然有：要么 $\pi > 0$，要么 r > 0，其中 $r = \sum \beta_i r_i$ 为金融市场的平均收益率，也就是说，当 m > y 时，要么一定会发生通货膨胀，要么一定会引发资产泡沫，甚或既发生通货膨胀，又诱发资产泡沫。从前述意义上说，可将其归结为：无论是通货膨胀还是泡沫经济，它们从根本上均是一种货币现象，只是这种货币现象比传统的货币数量理论要复杂得多，人们在关注通货膨胀的同时，还必须密切关注资产的价格泡沫，实质上通过这种对传统货币数量方程的扩展，更清晰地看到了结构性资产泡沫的必然之源。

4

结构性资产泡沫与资金流向

4.1　宏观结构性资产泡沫

由上一节的（3-7）式可知，当 m > y 时，必然有：要么 $\pi > 0$，要么 r > 0，其中 $r = \sum \beta_i r_i$ 为金融市场的平均收益率。也就是说，当 m > y 时，要么一定会发生通货膨胀，要么一定会引发资产泡沫，甚或既发生通货膨胀，又诱发资产泡沫，这样一来，结构性资产泡沫就形成了。从前述意义上说，可将其归结为：无论是通货膨胀还是泡沫经济，它们在根本上均是一种货币现象，只是这种货币现象比传统的货币数量理论要复杂得多，因为将资产市场纳入到货币数量方程以后，之前的方程就只是一个局部的均衡关系式，不再是具有宏观总体均衡的关系式，所以资产市场的引入使得宏观结构突显出来。从宏观经济结构来看，主要包含实体经济与虚拟经济；从微观结构来看，主要包含两个经济部门自身内部的结构，即产品结构与资产结构。这里利用扩展的公式来讨论第一层面的结构性问题，并从两个方面来分析结构性资产泡沫产生的原因，一个是货币的超额供给，另一个是资产市场的货币过度集聚或者说过度虚拟化。

1.结构性资产泡沫产生的宏观结构分析

货币的超发从传统的货币数量方程来看，是产生通货膨胀的充要条件，但从（3-7）式来看它既不是产生通货膨胀的充要条件，也不是导致资产泡沫的充要条件，而是引起通货膨胀或资产泡沫的充分条件。结构性资产泡沫产生的原因很多，不仅包括货币总量因素，也包括货币流向的结构性因素，甚至还包括经济人的心理及行为选择因素，由于制度与经济人的心理及行为选择因素在宏观视角均通过货币流向的结构性因素体现，故其分析便可以直接从总量与结构两大方面入手。

从总量上看，货币供给量根据流动性的大小可以分为不同的层次。我国现行的货币统计制度将货币供给量分为三个层次：①M0，即流通中的现金，指单位库存现金和居民手持现金之和，其中单位是指除银行外的企业、机关、团队、部队、学校等单位；②M1，即狭义的货币供应量，指M0加上单位在银行的可开支票进行支付的活期存款；③M2，即广义的货币供应量，指M1加上单位在银行的定期存款、城乡居民个人在银行的各项储蓄存款以及证券公司的客户保证金，并且M1和M2的差额为准货币。传统货币数量方程显示货币供给过度是产生通货膨胀的充要条件，两者之间存在着同向变化的关系，郭严（2009）通过对1990—2009年间M0、M1、M2与CPI的数据对比，认为产生通货膨胀的主要原因是货币供给量的大小变化，可以通过货币供给量的调节来对通货膨胀进行控制；王曼和王南（2010）通过探讨M0、M1、M2与CPI、经济增长周期的关系，得出货币供给量与通货膨胀随着经济增长的周期越来越稳定，在一定区间内进行波动；认为货币供给量与通货膨胀构成直接同比关系的还有Thomas Urich和Paul Wachtel（1984）、B.Cornell（1983）等；石建民（2001）通过对传统的IS-LM模型的改进，分析通货膨胀、资产膨胀的原因，得出中国存在着超额货币供给。然而，也有一些学者给出了相反的结论，如：易纲和王召（2002）提出货币政策传导机制模型，认为货币超发并不一定是通货膨胀与资产膨胀产生的原因；伍志文（2002）、伍超明（2003）也得出否定的结果，也就是通货膨胀与货币供给不存在着同向的关系，国外很多学者也支持这个结论，如Yunus Aksoy和Tomasz Piskorski（2006）、K. A. Wesche和Stefan Gerlach（2008）、Giovanni Favara和Paolo Giordani（2009）、Taguchi和Kato（2010）等等。随着现代经济的发展，货币超发是引发通货膨胀的主要原因的解释越来越弱，而转向资产泡沫的迹象越来越明显，越来越多的事实与相关研究都表明了现代经济中货币供给量与通货膨胀不一定呈同向关系，甚至还出现反向变化。中国在20世纪90年代以后，这种现象越发明显，出现货币供给量与物质价格呈反向关系的情况，也被国外学者称为中国特有的现象"中国之谜"（Mckin-non，1993）。而关于货币供给量与通货膨胀之间的直接关系，很多国内外学者都进行了相关的实证分析，货币主义学派Friedman和Kuttner（1992）在很早以前就发现这两者之间并不存在稳定的因果关系；易纲（1996）在探讨中国的"超额"货币供给时提出了这一现象，但没有深入研究；帅勇（2002）通过建立回归分析模型：$\ln \Delta M2_t = 0.8026\ln\Delta Y_t - 0.0275\Delta\pi_t + 0.2566\ln\Delta W_t$，对1993—2000年的货币供给季度数据进行实证分析，得出货币供给量与通货膨胀具有反向关系；吴晶妹（2002）通过对1985—1999年的数据进行实证分析，认为货币供给的增长率与商品零售物价指数之间并不存在着长期的均衡关系，包括两种情况：M1、RPI，M2、RPI。无论两者之间具不具备这种对应关系，还是具有反向关系，都说明了在传统货币数量方程的思维指导下，这种货币供给量大小决定通货膨胀的情况明显已经跟不上目前经济体系的发展。以下通过我国这几年M2与CPI的关系来进行比较分析，如图4-1所示。

从图4-1中可以看到，在2003年之前，中国货币供给量与CPI之间基本符合传统货币数量论的关系，两者的走势类似，存在着比较明显的正比例波动关系，但从2004年开始就出现不规律情况，有时是正相关，有时则是负相关，有时甚至出现完全不合理的情况。例如2008年左右M2有明显的货币超发情况，但CPI却不断下降，反而出现了通货紧缩的现象，又例如在2010年，货币紧缩的情况下却又出现CPI快速上升，这些现象都已经完全超出了传统货币理论的解释范

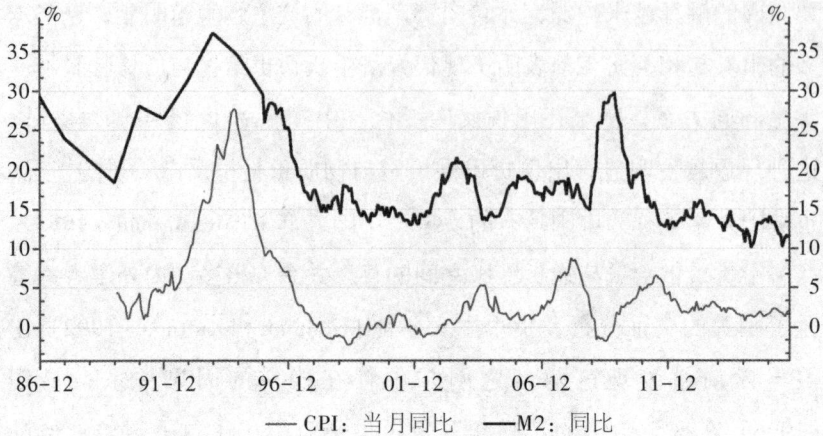

图 4-1 M2 与 CPI 对比图

围，或者说传统货币理论已不再有效。简单通过传统货币数量论的计算方法，$\Delta M = \Delta P + \Delta Y - \Delta V$，对近些年的货币供给量的增长情况进行计算，发现三个货币供给量 M1、M2、M3 都存在超额供给的情况，平均超出 6.06%、4.14%、8.59%，实际的超发量大大超出了理论意义上的货币供给量，以稳定为前提的货币需求函数也因此遭到质疑和反击。越来越多的研究显示：我国进入 20 世纪 90 年代以后这种货币供给与通货膨胀呈反向的关系是必然存在的一定现象，并且随着这种现象产生的同时，我国资产市场的迅速膨胀也同时发生，从 1994 年到 2001 年，上证指数从 325.89 涨到了 2 245.43 点，上涨了 6.4 倍多，2003 到 2007 年上证指数上涨到 6 124.04 点，此外还有 2013 年到 2015 年涨到 5 178.19 点。同时房地产市场价格更是居高不下，从 21 世纪以来房价一直在高速增长，远远超过同期其他物价的上涨率，像这种资产价格不断上涨，而物价却并没有上涨，甚至出现通货紧缩的现象，完全与传统的货币数量理论相悖。对于传统的货币数量理论，只能说明货币供给与通货膨胀、经济增长之间的关系，并不能说明资产市场泡沫的情况，如果想要科学地解释这些现代经济中货币供给、通货紧缩、资产泡沫、经济增长等等之间的关系，可能需要更全面地去分析和探讨，这无疑对现代经济的结构和发展具有重要的意义。

对于当前经济中出现的这种现象，从一些学者的研究中主要总结出两种方法。一种方法是以传统数量理论为主，通过判断货币供给量是否超额来得出资产泡沫产生的原因，但却无法解释通货紧缩，或者通过改变理论模型中的变量来进行解释，这样消除了货币供给过量的情况，可是却与现实相反，而且这样也只是解释了通货紧缩问题，对资产泡沫却无能为力。无论是哪一种解释，只要是以传统数量理论为主的解释都把通货紧缩和资产泡沫进行了分割，单一地说明，这样都只是局部性分析。另一种方法是对通货紧缩和资产泡沫进行综合，通过对传统数量理论的扩展，将商品市场和资产市场加入到相关模型进行分析。例如石建民（2001）将资产市场纳入到 IS-LM 中，分析资产市场与实体经济的关系；伍志文（2002）、易纲和王召（2002）、伍超明（2003），陈彦斌（2015）通过将股票市场或房地产市场引入传统数量模型对当前经济现象进行分析，认为货币供给是导致通货膨胀或紧缩、资产泡沫的原因之一，但并不认为这个原因是充分的，而对这两种现象并存的情况均没有一个合理的解释。大部分解释都集中在局部分析，并没有从宏观结构性的角度进行全方位的解释。

2.结构性资产泡沫形成的机理分析

根据上一章对传统货币数量方程的扩展得到（3-3）式：$MV = PY + \sum R_i K_i$，随着现代经济的发展，金融市场的核心已经变成以资产市场为代表的虚拟经济，货币不再仅仅是具有交易媒介功能的工具依附于实体经济，而是发展成具有独立性特征的资产，既可以扮演交易媒介又可以单独运行进行储存和购买，在资产市场具有"钱生钱"的功能。正是忽略了货币的新特征，从而使得传统的货币数量方程失效。可是，货币供量、经济增长、通货膨胀、资产泡沫之间到底是什么样的关系，其中的机理是什么以及资产泡沫又会以什么样的特征呈现？这些问题的回答似乎必须在总量分析的基础上进入了结构层面才能给出更有力的解释。为此进行假设：①整个经济体系分成两大部分：以产品市场为主的实体经济和以资产市场为主的虚拟经济；②货币具有交易和储存的功能；③货币总量等于交易和储存货币之和，并且分别供给产品市场和资产市场；④货币流通速度不完全一样。

设 V_1，V_2 为两个市场交易的货币流通速度，M_1，M_2 为两个市场的货币需求量，M_1 包括实体经济中的交易需求和储蓄形式存在的货币量，M_2 包括资产市场的交易成本和资产市场中以股票、房地产、债券等等形式存在的货币量，M_1V_1，M_2V_2 分别为实体经济与虚拟经济的货币需求总量，所以 $M_1V_1 = PY$，$M_2V_2 = \sum R_iK_i$。由此可得：

$$MV = PY + \sum R_iK_i = M_1V_1 + M_2V_2, \quad M = M_1 + M_2$$

$$M_1V_1 = PY, \quad M_2V_2 = \sum R_iK_i$$

再由 $M_1V_1 + M_2V_2 = MV$ 得：

$$V = \frac{M_1V_1 + M_2V_2}{M} = \frac{M_1V_1 + M_2V_2}{M_1 + M_2} = \frac{V_2 + \frac{M_1V_1}{M_2}}{1 + \frac{M_1}{M_2}}$$

而 $\frac{M_1}{M_2} = \eta$，即实体经济与虚拟经济的货币需求量之比，上式可写成：

$$V = \frac{V_2 + \eta V_1}{1 + \eta}, \quad 解得，\quad \eta = \frac{V_2 - V}{V - V_1}。其中，V，V_1，V_2 分别是整$$

个经济系统、实体经济、资产市场的货币流通速度。

又根据（3-2）式得到货币数量方程式：

$$m + v = \alpha(y + \pi) + \sum \beta_i(k_i + r_i), \quad \sum \beta_i = 1 - \alpha \tag{4-0}$$

令 $\alpha = \dfrac{PY}{MV}$，α 为实体经济对货币的吸收率；$\beta_i = \dfrac{R_iK_i}{MV}$，为第 i 种资产独立交易对货币的吸收率；$\gamma = \dfrac{\sum R_iK_i}{PY}$，为资产市场与实体经济交易量之比。

根据上面的模型 $M_1V_1 = PY$，$\alpha = \dfrac{PY}{MV}$ 得：

$$\alpha MV = PY, \ (1 - \alpha)MV = \sum R_iK_i$$

对上两式分别微分得：

$$\frac{dP}{P} = \frac{dM}{M} + \frac{dV}{V} + \frac{d\alpha}{\alpha} - \frac{dY}{Y} \tag{4-1}$$

$$\frac{dR_i}{R_i} = \frac{dM}{M} + \frac{dV}{V} + \frac{d\beta}{\beta} - \sum \frac{dK_i}{K_i} - \sum_{j \neq i} \frac{dR_j}{R_j} \tag{4-2}$$

其中 $\beta = \sum \beta_i$，由公式（4-1）可知，产品市场的物价变化情况主要取决于四个因素：$\dfrac{dM}{M}$、$\dfrac{dV}{V}$、$\dfrac{d\alpha}{\alpha}$、$\dfrac{dY}{Y}$；由公式（4-2）可知，资产市场的资产价格变化情况主要取决于五个因素：$\dfrac{dM}{M}$、$\dfrac{dV}{V}$、$\dfrac{d\beta}{\beta}$、$\sum \dfrac{dK_i}{K_i}$、$\sum\limits_{j \neq i} \dfrac{dR_j}{R_j}$。货币供给对通货膨胀与资产泡沫的传导路径如图4-2所示。

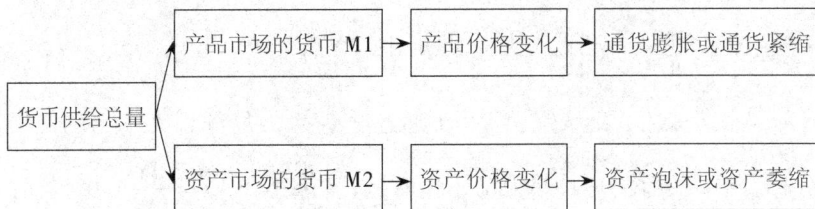

图4-2 货币供给结构图

有关通货膨胀和资产泡沫生成的理论过程，可以通过图4-2看得很清楚。与传统的货币数量方程相比，扩展以后的货币数量方程在加入资产市场部门以后，变量增多，影响因素也增多了，这样使得无论是通货膨胀还是结构性资产泡沫产生的过程都要复杂很多。其中主要表现在：首先在货币供给流动的方向上就多了一个总的部门——资产市场，而且资产市场又有很复杂的内部结构；另外从时间上来看，在短期内，影响物价和资产价格的因素与流通速度相关，当短期物价的粘性不变时，货币供给量的变化主要会体现在资产价格上，从长期来看，假设货币流通速度不变，这时无论是物价还是资产价格均取决于货币供给总量与货币在各个部门的分配情况，也就是货币的结构性组成变化。这样我们对结构性资产的分析也就更清晰了，下面继续对上面的公式进行变化推导，从而可以从结构上得到相关的结论。

由 $M = M_1 + M_2$，再设 $M_1 = pM$，$M_2 = qM$，$p + q = 1$，对这两式分别求微分得：

$$\frac{dM}{M} = \frac{dM_1}{M_1} - \frac{dp}{p} \text{或} \frac{dM}{M} = \frac{dM_2}{M_2} - \frac{dq}{q}$$

代入（4-1）式和（4-2）式得：

$$\frac{dP}{P} = \frac{dM_1}{M_1} + \frac{dV}{V} + \frac{d\alpha}{\alpha} - \frac{dY}{Y} - \frac{dp}{p}$$

$$\frac{dR_i}{R_i} = \frac{dM_2}{M_2} + \frac{dV}{V} + \frac{d\beta}{\beta} - \sum \frac{dK_i}{K_i} - \sum_{j \ne i} \frac{dR_j}{R_j} - \frac{dq}{q}$$

综合上两式可得：

$$Z(\frac{dP}{p}, \ \frac{dR_i}{R_i}) = f(\frac{dM_1}{M_1}, \ \frac{dV}{V}, \ \frac{dY}{Y}, \ \frac{d\alpha}{\alpha}, \ \frac{dp}{p}) \tag{4-3}$$

从长期来看，继续假设货币流通速度不变，经济稳定增长（为简化分析，不妨设经济增长率为0），也就是 $v = \dfrac{dV}{V} = 0$，$y = \dfrac{dY}{Y} = 0$。这时实物价格与资产价格只与货币的总量和货币的结构组成有关。货币供给增长时，随着流入实体部门和虚拟部门的货币数量不一，产生的经济现象也不一样，有可能是通货膨胀或结构性资产泡沫，从这里知道无论是哪种结果，这两种结果都实质上是货币现象，最终取决于货币流入到两

个市场的比例。如果以总量M流入，按照p：q的比例进行分配，这时
两个市场规模增长率也按α：β的规模增长，如果市场经济处于均衡状
态，资金在两部门出现套利情况，最终使得两部门收益达到相等，从而
货币分配比例必然为p = q = 0.5，也就是平均分配。但这种情况是一种
理想状态，因为追逐利益是资金的本质，随着收益率变化而流入的资金
发生变化或某部门过度流入时，必然使得资金分配失衡。这种货币的分
配失衡也是一种常态，因为资金的本质就是增值，当实体经济部门的收
益率大于虚拟经济部门的收益率时，资金流向实体经济部门，随着货币
流入过量，物价上涨，也就有了产生通货膨胀的危险，反之亦然。这也
是产生结构性资产泡沫的缘由，这种变动关系可以通过图4-3来进一步
说明。图4-3显示，产品市场价格和资产市场价格主要与货币总量与货
币结构相关，而我们知道 $M_1 = pM$，$M_2 = (1 - p)M$，$1 - p = q$，也就是
说产品市场价格与资产市场价格长期来看呈反向关系。

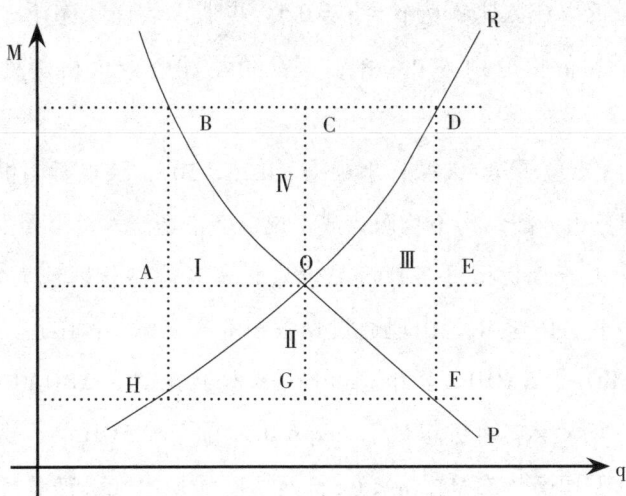

图4-3　货币供给与货币结构变化情况

在图4-3中，横坐标表示流入资产市场的货币比例q，纵坐标表
示货币供给总量M，而曲线R表示资产市场货币均衡状态下的资产价

格，曲线 P 表示产品市场均衡状态下的产品价格，交点为货币分布均衡状态的点，也就是 p = q = 0.5。这样，两条线把整个区域分成四块，分别记为第 I、II、III、IV 区域，从每个区域的特点上来看，第 I 区域的经济现象为资产萎缩、通货膨胀；第 II 区域为资产萎缩、通货紧缩；第 III 区域为资产泡沫和通货紧缩；第 IV 区域为资产泡沫与通货膨胀。以两条线的交点作为基点 O，作一个四边形，与两条线分别交于四个交点，再分别取四边形四条边的中点，这样就可以得到加上中心点的 9 个点。分别在不同区域，通过对这 9 个点所对应的经济含义的说明，能够清晰地得到如何从宏观结构上去了解实体经济和虚拟经济的通货膨胀和资产泡沫情况，并从结构性的角度对资产泡沫进行更全方位的分析。

（1）O 点是图形的均衡点，设坐标为（0.5，50），此时在货币供给总量一定的情况下，货币分布合理，相当于两个市场的收益率相等，货币流入比例为 p = q = 0.5。再假设均衡状态下，产品和资产的平均价格分别为 P_0、R_0，产品价格和资产价格都处于稳定状态。

（2）A 点位于第 I 区域，坐标为（0.25，50），该点货币供给总量正常，但货币分配结构不均衡，或者说资产市场流入货币太少，而产品市场货币流入货币过多，产品价格和资产价格分别记为 P_A、R_A，其中 $P_A > P_0$，$R_A < R_0$，出现通货膨胀和资产萎缩。其中这一区域又可分为 ΔBOA、ΔAOH，货币总量均是失衡状态。在 ΔBOA 中，货币供给增长率大于均衡状态 M_0，而 q < 0.5，而在 ΔAOH 中，货币供给增长率小于均衡状态 M_0，q < 0.5，两块区域均出现资产萎缩和通货膨胀。总体来说，第 I 区域为货币供给总量正常情况下，货币结构失衡，少量流入资产市场和过度流入实体市场，这是导致通货膨胀的主

要原因。

（3）B 点位于曲线 P 的左上角，坐标为（0.25，75），该点货币供给过量，货币结构不合理，产品市场资金流入过多，资产市场太少，产品价格和资产价格分别记为 P_B、R_B，其中 $P_B > P_0$、$R_B < R_0$，出现通货膨胀和资产萎缩。

（4）C 点位于第Ⅳ区域，坐标为（0.5，75），该点货币供给总量过多，但货币分配结构合理，产品价格和资产价格分别记为 P_C、R_C，其中 $P_C > P_0$、$R_C > R_0$，出现通货膨胀和资产泡沫，将第Ⅱ区域分成 ΔBOC、ΔCOD，在这两个区域中货币供给均过量。在 ΔBOC 中，$0.25 < q < 0.5$，货币分配结构相对合理，实体部门相对较多，但影响不大，此区域因货币供给总量过大，导致通货膨胀和资产泡沫都存在。在 ΔCOD 中，$0.5 < q < 0.75$，货币结构也相对合理，资产部门相对较多，同样，存在通货膨胀与资产泡沫并存的情况。

（5）D 点位于曲线 R 的右上角，坐标为（0.75，75），该点货币供给过量，货币结构不合理，产品市场资金流入过少，资产市场太多，产品价格和资产价格分别记为 P_D、R_D，其中 $P_D < P_0$、$R_D > R_0$，出现通货膨胀和严重资产泡沫。

（6）E 点处于第Ⅲ区域，坐标为（0.75，50），货币供给正常，但货币分配结构严重不均衡，总体从在这个区域来看资产处于泡沫状态，并且通货紧缩。E 点货币供给总量正常，但货币过度流入资产市场，产品价格和资产价格分别记为 P_E、R_E，其中 $P_E < P_0$、$R_E > R_0$，出现了资产泡沫和通货紧缩的异象，另外第Ⅲ区域又可分为 ΔDOE、ΔEOF，货币总量均存在失衡情况。在 ΔDOE 中，货币供给增长率大于均衡状态 M_0，而 $q > 0.5$，这时候产生了资产泡沫和通货紧缩。在 ΔEOF 中，货币供给增长率小于均衡状态 M_0，而 $q > 0.5$，同样产生了资产泡沫和通货紧缩。从两个区域的情况来看，货币结构都失衡，货币过多流入到资产市场，这是产生资产泡沫和通货紧缩的主要原因，当结构失衡严重时，可以通过其他点或区域来分析是否会产生严重的结构性资产泡沫。

（7）F点位于曲线P的右下角，坐标为（0.75，25），该点货币供给过少，货币结构不合理，并且产品市场资金流入过少，资产市场太多，产品价格和资产价格分别记为P_P、R_P，其中$P_F < P_0$、$R_F > R_0$，出现严重的通货紧缩和轻度资产泡沫。

（8）G点位于第Ⅱ区域，坐标为（0.5，25），该点货币供给不合理，货币分配结构均衡，因为货币供给过少，分配却均衡，使得两部门价格都不高，产品价格和资产价格记为P_G、R_G，其中$P_G < P_0$、$R_G < R_0$，出现了资产萎缩和通货紧缩的异象，另外第Ⅳ区域又可分为ΔFOG、ΔGOH，货币供给总量均存在失衡情况。在ΔFOG中，货币供给增长率小于均衡状态M_0，而$0.75 > q > 0.5$，货币供给较多流入到资产市场，但因为货币总供给过少，使得资产萎缩和通货紧缩。在ΔGOH中，货币供给增长率小于均衡状态M_0，而$0.25 < q < 0.5$，同样出现资产萎缩和通货紧缩。从两个区域的情况来看，货币结构都失衡，货币供给过少，但相对过多地流入到资产市场，这是产生资产萎缩和通货紧缩的主要原因。

（9）H点位于曲线R的左下角，坐标为（0.25，25），该点货币供给过少，货币结构不合理，因为货币供给太少，产品市场和资产市场的资金流入均过少，产品价格和资产价格分别记为P_H、R_H，其中$P_H < P_0$、$R_H < R_0$，出现严重的通货紧缩和资产萎缩。

为了更清晰地看到货币供给与货币结构对通货膨胀和结构性资产泡沫的影响，可以将上面9种情况总结为表4-1。

表4-1 货币供给与货币结构的变化情况描述

图中位置	所处位置特点	货币供给总量	货币结构	产品市场	资产市场
0	中心点	均衡状态	合理	稳定	稳定
A	第Ⅰ区域	均衡状态	过度流入实体	通货膨胀	资产萎缩
B	曲线P左上角	货币供给过多	过度流入实体	严重通货膨胀	资产萎缩
C	第Ⅳ区域	货币供给过多	合理	通货膨胀	一般资产泡沫
D	曲线R右上角	货币供给过多	过度流入虚拟	通货紧缩	严重资产泡沫
E	第Ⅲ区域	均衡状态	过度流入虚拟	通货紧缩	一般资产泡沫
F	曲线P右下角	货币供给过少	过度流入虚拟	严重通货紧缩	中等资产泡沫
G	第Ⅱ区域	货币供给过少	合理	通货紧缩	资产萎缩
H	曲线R左下角	货币供给过少	过度流入实体	轻微通货膨胀	严重资产萎缩

　　从我国这些年的经济现象来看，货币结构不合理已经是必然的事实，但出现通货膨胀与资产萎缩或通货紧缩与结构性资产泡沫等这些经济现象的原因，除了货币供给分配结构不合理外，从上面还可以看到货币供给总量不合理也是一个主要原因，对于这些经济现象是否主要受货币政策的影响，学者们都有各自看法。从历年的研究来看主要分两种情况，一种认为货币供给过多，另一种认为货币供给过少。而二者的差异应该是考虑的理论基础和实际的经济时期不一样所致，第一种是在20世纪以前，以传统货币数量理论为基础、单一从实体部门出发的研究，而第二种是在进入21世纪以后，对传统货币数量理论提出质疑的研究，认为虚拟经济逐渐成为整个经济体系的核心，占有很大比重。这些研究很多都从微观的层面进行了探讨，随着时代的发展，越发具有了局限性。如果从宏观结构上考虑，将产品价格和资产价格都纳入到传统货币数量理论中去，对其进行改革创新，我们将

会从宏观的角度得到符合新的经济社会的扩展的货币数量理论。

从前面关于整个经济社会结构的分析，已经知道如果单纯从某一个实体市场或资产市场去分析货币供给总量与货币的流入结构是不可能得到正确答案的，因为进入21世纪以来我国的经济结构已经明显地出现了虚拟部门的快速增长（见表4-2），如果还是以实体部门为主体，以传统货币数量理论为依据来制定与实施经济政策，必然会导致整体经济的失衡。

表4-2　　　　实体经济与资产市场在整体经济中所占比重

指标	2014年	2013年	2012年	2011年	2010年	2009年	2008年	2007年	2006年	2005年
国内生产总值（%）	100	100	100	100	100	100	100	100	100	100
工业增加值（%）	35.9	36.9	38.3	39.6	39.7	39.3	41	41.1	41.8	41.4
资产市场增加值（%）	13.3	13.1	12.5	12.1	12.1	11.8	10.5	10.9	9.4	8.6

注：实体经济用工业增加值代替，资产市场增加值用股票市场与房地产市场增加值之和代替。

新的经济结构必然会引起经济主体行为方式和运行规律的改变，近年来金融资产的交易额正迅速超过产品的交易额。随着资产市场的加入，货币供给的方向相当于引入了一个不确定的变量，使得传统的货币数量论必然会有新的形式，虚拟经济的逐渐壮大打破了实体经济部门中货币供给与物质价格的均衡关系。而货币供给的方向也因为有了新的结构组成自然会有新的选择方向，投资者的资产投资组合会根据收益与风险的情况而在各个部门间进行资金的处理。表4-2的数据也说明了货币流动不再单一，这些也必然会导致货币分配的结构性失衡。

总的来说，从宏观层次来看，货币供给总量是否合理与货币供给结构是否均衡是影响结构性资产泡沫的产生的主要原因，并且当货币供给总量合理或不合理时，货币结构的均衡与否均会左右通货膨胀与结构性资产泡沫的产生，结构失衡越严重，那么结构性泡沫就越严重。也就是说货币结构变化的影响将远远大于货币总量合理性上的影响，这是在这一节得到的关键结论。

3.货币结构失衡的原因与宏观结构性资产泡沫产生的因素分析

上一节，从货币结构失衡上分析了结构性资产泡沫产生的过程与机理，那么究竟是什么样的实际原因导致这种货币结构的失衡，以至于产生结构性资产泡沫呢？接下来从我国经济的发展情况进行更深入的探讨。

传统货币数量理论认为，货币供给超额必然会产生通货膨胀，但通过上节关于货币供给与货币结构的分析，随着对货币数量理论的扩展，货币供给超额并不一定会带来通货膨胀，甚至有可能产生相反的情况，也就是通货紧缩。而另一方面，因为虚拟经济的加入，当通货膨胀不再是货币供给超额的主要反应结果时，结构性资产泡沫却随之而产生了，结构性资产泡沫是因为货币结构的失衡而产生的。换句话说，是因为货币供给的流动方向集中到了资产市场，导致资产价格增长过快，进而产生结构性资产泡沫，那么研究货币产生这种结构性失衡的原因，实质上就是研究货币供给集中流向资产市场的原因，为了更好地说明这些原因，对以资产市场为代表的虚拟经济进行理论上的叙述，并深入分析结构性失衡的原因。

（1）虚拟经济（资产市场）的发展与特点

关于虚拟经济在各国经济中所占比重越来越大的现象，前文已经进行了相关数据的阐述，在世界范围内，从20世纪70年代开始，经济虚拟化就愈发明显，也使得整个经济社会的结构发生了很大的变化，虚拟资产在近些年也脱离了对实体经济的依靠，形成它自身所具有的独立性特征。通常用金融资产价值与国家整体经济总量的比值来考察经济虚拟化的程度，这一比值最先由美国经济学家 Raymond W. Goldsmith 提出，它用金融相关率（FIR）来测定经济货币化的程度，等于虚拟经济与实体经济的比值（实质上就是我们之前假设的 $\gamma = \dfrac{\sum R_i K_i}{PY}$），通过观察我国的股票指数与 GDP 增长率的数据，可以看到虚拟经济与实体经济的变化情况。我国的 FIR 从 1993 年的 1.11 增加到 2001 年的 2.1，又从 2003 年的 2.3 增长到 2016 年的 3.1，在十多年的时间内翻了两倍多，同时沪深指数在指数较高时翻了 8～17 倍，而市价总值由 1993 年的 1 507 亿元增加到 2016 年的 504 859 亿元，增加了335 倍多，这种程度的增长是其他行业不可比拟的，而同时我国实体经济也保持了稳定的增长。但从后期来看，实体经济的增长明显与虚拟经济的增长出现节奏不一的情况，从表 4-2 中虚拟经济所占比重来看，随着虚拟经济的快速膨胀，资产市场逐渐脱离实体经济独自运行，两部门经济波动出现背离的情况，资产市场的迅速增长使得其规模已经远远超过实体经济，也使得货币虚拟化普遍化，实体经济与虚拟经济相互关联，又相互独立，在现代经济结构组成中已经是客观存在的现象了。

关于实体经济与虚拟经济的概念，基本上已经有了明确的定义，一般实体经济是指物质产品、精神产品、服务、销售等经济活动，它包含了工业、农业、交通等物质产品的生产活动和商业、教育、文体等精神产品的生产与服务。而虚拟经济是指以资产市场为代表的，除实体经济以外的资金的交易与存储活动，它是信用本位制度和货币资本化的产物，主要包含了银行信贷，证券、产权、物权，期货等金融衍生品。而随着市场经济的不断发展，社会分工和专业分工程度的提高，资产市场的产品越来越多样化，金融衍生品越来越丰富。而这些产品在资产市场中都有一个共同的特点，就是投机性，这些大量的投机活动使得大量的个体投资者蜂拥而至，使得资产市场迅速增长，规模不断扩张。虚拟经济是市场不断发展和市场高度发达的产物，从依附于实体经济、服务实体经济而逐渐脱离实体经济发展，甚至高于实体经济，使得自身具有了资产的独立运行的特征，因为虚拟经济以资产市场为核心，所以从资产市场的角度来说明虚拟经济的几个明显特征：

第一，信用性。从 20 世纪 30 年代以后，因为世界经济产生的各种经济危机接踵而至，一些经济发达国家逐渐采用信用本位制取代了原先的金本位或银本位制，金属的货币被纸币的货币代替，而纸币本身是没有价值的，是一种信用货币。虚拟经济的信用性正是由于资本资产的信用特征而来，因为资本实质上也是货币，而货币在很早以前是用金银代替，不需要信用，本身就具有价值，不用像纸币那样要事先有承诺才行，这种实物货币具有广泛的使用性和接受性。后期因为危机的产生，改用没有实际价值的纸币后，就只能依靠这种对纸币的信用来进行交流，这种信用是国家之间和人民之间的一种承诺或法规。随着纯粹的信用货币的诞生，产生了对金融的索取权，它构成了所有发行存款机构的总负债，这样的金融索取权或负债不再像实体货币或纸币那样具有高度流动性特点，也没有实质购买力，只是一种信用货币，并且还要支付利息。所以不管是哪一种货币，都或多或少地以信用为基础，只是货币的种类不同，对信用的依赖程度就不同。如果货币本身是金银等具有使用价值的货币，那么自然在信用的要求上就很弱，因为货币本身具有价值，不用担心交换的物品怎么样；如果货币本身像纸币或纯粹信用货币一样并不具有实际的使用价值，那么对信用的要求就越高，也就对人自身的信任和法规的制度要求更高。而随着社会经济的发展，信用货币的普及、货币的虚拟化已是全球化的行为，货币的信用性的特征就越发地明显，对制度的制定也更严格完美。另外虚拟资本的形式的多样化也使得信用关系的呈现多样化，因为我们知道不同机构或国家发行的信用货币都会有不同的信用，国家央行发行的纸币体现了国家政府的信用程度和国家实力，而银行发行的银行券是银行信用的表现形式，商业票据是公司企业的信用表现形式。同一个货币通过反复的资产投资产生虚拟资本，然后又通过金融衍生品的创新产生新的形式，这种新的形式的资产也体现一种新的信用关系。这是货币虚拟化，实质上也是信用货币的虚拟化，或者说是虚拟资本的信用性，不管金融产品以哪种形式的金融衍生品出现，终归是一种信用货币的衍生品，或者说是信用衍生出来的一种新的信用形式，但在程度上应该是相差无几的，因为都是一种金融资产，这样说来资产市场就是一个以信用为支撑的市场，这就充分说明了虚拟经济的信用性。现代经济的发展使得这些没有使用价值的虚拟资产却具有了独立性，它可以进行交易或储存或支付等等，初期的虚拟资产以实体经济为基础和依附，只有有了实体经济作为保障，人们才会相信货币的使用性和价值性，当资产市场单独形成自己的信用制度时，就完全以信用货币的形式存在，这种强烈的信用性使得资产市场必须有完善的信用制度才能使得它有更良好的发展。资产市场的信用性受到很多因素的影响，除了投资者主观因素，还有国家层面、经济政策层面、信息层面等客观因素。当然制度是前提，只有虚拟部门与实体部门具有良好的信用制度，人们的信用性才会更高，对货币的投入也会更多。所以这种对虚拟部门的信用程度就影响着虚拟经济的发展，信用程度的强弱又与市场本身和投资者本身的心理预期和投机心理相关，当投资者对市场的预期越大，投机性越大，并且实现了这种投机预期的时候，自然就会对虚拟资产部门有着较大的信任度，但是如果预期达不到，那么这种信任程度则变得微乎其微。反过来，虚拟市场又担心失去投资者的信任度，会通过自身制度的完善和管理来促进虚拟经济的发展，不过归根到底，这种对信任度的提升和压力仍然是一种"软性约束"，或者是说虚拟经济的虚拟产物，并不足以使得投资者自始至终达到投资的心理预期，或者说达到实体经济那种质的体现，更不足以使得市场不再出现信用崩溃的现象。另外虚拟经济是以实体经济为基础和依附对象，只有有了实体经济的基础，才有使用别人资本的许可，不能增加生产，只能转移生产，这些实体经济也就成了虚拟经济的"硬性约束"。政策层面、国家层面等客观因素也是这种约束之一，只是它们只有在资产市场出现高速增长，并且大大超越实体经济的基础价值，进而产生金融危机，有可能引发整个经济社会的经济危机时，才会以政策的手段体现出来。

第二，高度流动性。与实体经济需要一定的空间和时间不同，虚拟经济是虚拟资产的活动，就像第一点里面所说，是信用的转换，只需要进行储存与交易的活动，是价值符号的转移。随着信息技术的发展，证券市场，期货等金融衍生品均是电子货币，相对实体经济的纸币，流动性更快更高，资金量更大，交易的时间只在几秒之间就可完成，显示出虚拟资产的高度流动性特征。它比实体经济的流动性要强得多，调整变化速度也更快，外部的信息或政策冲击反应更快，资产价格的快涨快跌使得它从不均衡到均衡都是一个快速的过程。多恩布什通过虚拟经济与实体经济的流动性的差异分析，弗兰科根据商品和制造业实体经济在流动性上的不同，都提出了关于外汇、基本商品的矫枉过正模型。正是因为这种虚拟经济的高度流动性，使得社会资源配置得到提高和优化，在现代经济体系中虚拟经济已经成为不可或缺的重要组成部分。

第三，高度投机性。投资者通过对资产价格的预期判断，通过对资产产品的低买高卖赚取差价的一种行为称为投机。投机与投资的区别很大，投资是投资者在未来获得红利、股息等资本增值的一种买卖行为，与实体经济中的投资具有类同性，但投机不一样，虽然在本质上也是一种增值行为，但投机更多的是对市场未来价格走势的一种预期或对信息层面的预期，完全依赖于市场心理的一种行为特征，不管实体部门的情况是否有变化，这种行为对未来的判断可能相当不准确。投资与投机一个是长期的，一个是短期的；一个是稳定的，一个是不确定性的。随着电子技术和网络的发展为虚拟资产的投机提供了稳定的技术保障，在越不完善和监管能力不够的市场，这种投机行为则越高，也更容易达到高额收益率的目的。

第四，高度风险性。虚拟资产价格受到不同因素的影响，并且对各种因素的影响又反应快速，而这些因素又具有不确定性，它往往与人们的未来预期不相符，这些不确定性自然就产生了高度的风险。金融衍生品的不断更新发展，使得虚拟资产复杂而多变，并且规模越来越大，也越来越不受各种因素的控制，使得它难以驾驭。在这种信息不充分，个人分析能力不专业，资金与时间都充足的环境来看，虚拟经济已经成为一种风险很高的经济活动。

第五，脆弱性。虚拟经济的脆弱性从经济社会的历次泡沫经济事件中就可以看到，严重的泡沫经济事件能促使产生经济危机，使得整个国家的经济都瘫痪。这种脆弱性产生的原因主要体现在以下两点：一是由自身的信用性特征造成或者说虚拟资产的特征造成，二是虚拟经济受到实体经济的周期变化的冲击而产生的不稳定性。也就是说虚拟经济的脆弱性在一方面是受到了实体经济的冲击而使得自身的系统出现大的问题，虚拟经济的脆弱性被广泛关注，却忘了是实体经济的原因；另一方面是资产价格的波动所致，因为虚拟资产的价格对信息过于敏感，或者说信息反应过度，有时候宏观或微观层面的小的信息波动都会对资产市场产生惊涛骇浪的影响，将资产市场推向崩溃的边缘。虚拟经济的脆弱性主要体现在以下几个方面：

① 货币的虚拟化。随着经济体系的金本位制或银本位制的解除，金银货币或商品货币不再出现，货币的形式和内涵更加多样、广泛，在现代经济中，各种新型的信用货币得到使用，电子结算形式也越来越多，金融衍生品不断创新，一方面与传统的货币相矛盾，一方面又以创新的形式继续发展和完善，货币信用得到更多的发挥。货币不仅仅只有衡量实物的价值的作用，还有进行支付的功能，并且还是现代经济发展高度发达的一种价值符号，作为一种自身没有价值的新的表现形式，受到社会各种因素的影响，比如货币供给量、GDP、利率、汇率、消费等等。另外随着虚拟经济的发展，货币供给的概念也越发模糊，因为 M1 和 M2 的货币在不停转换，在统计上很难得到控制。电脑与网络的进步使得货币电子化，这样就更加抽象了，这种货币的虚拟化使得虚拟经济更加不稳定和脆弱。

② 虚拟经济资产价格的脆弱性。相对实体经济的产品价格的高度稳定性，虚拟经济的资产价格明显具有高度不稳定性，"虚拟"特征明显。首先，从定价方式上就可以看到，资产价格从心理预期定价出发，不像实体经济是以实物作为支撑，虚拟资产的价格是一种契约，是一种行使价格的权利，不以实物为基础，一般取决于投资者对该资产的一种预期。实物价格是以物质价值为成本，而资产价格是以观念为成本，受到人们的市场预期、心理因素、信息获得等多方面行为方式的影响。前面我们从行为金融学的角度分析了投资者的心理层面，而正是因为投资者从众效应、羊群效应、选美博弈、信息反应不对称等这些心理反应，使得资产价格的波动剧烈，这种由观念作为支撑的定价方式必然是虚拟经济的脆弱性产生的根源所在。其次，从资

产价格的内容上来看，虚拟资产的价格是产品的"平均价格"，投资者手上所持有的资产总量的价格与其他人的价格并不一样，这样因为价格的不同就会产生杠杆效应，当新进投资者以不同价格进行买卖行为的时候，必然会影响到之前投资者的收益情况或财富的变化情况，这样对之前和之后的投资者就产生了买卖的心理压力和驱动力。对于一般性商品而言，产品的价格都标注明了，基本上是"边际"的价格，对其他已经买入的买者或即将买入的买者根本没有过多的影响，都会得到相同的效应。对于金融投资者，资产产品价格变化的影响要大得多，甚至少许的变化都会引起大的波动，而对整个市场的影响是会通过大量小的变化而进行扩展的，从而使得资产市场的走势也发生改变。从这两点来看资产市场的虚拟性特征使得资产价格不稳定，因为电脑和网络在金融市场被高度使用，为金融产品的虚拟化提供了技术支持，加强了资源的利用，降低了交易成本，使得投机性更加强化，这些因素都造成了虚拟资产的脆弱性，也造成了虚拟经济的脆弱性。最后从空间上对脆弱性进行简单描述，商品的价格需求弹性对于一般商品而言都是有区间限制的，也就是无论效应的高低，人们对商品的需求总是有限，因为受到人自身的消费或生产能力的限制，所以一般商品的价格波动也就比较小；但是资产产品不同，他们对资产的价格是没有限制的，因为人性贪婪，价格越高收益越大，这也为资产价格波动提供了更大的波动空间，因为没有限制，只要有人买，必然有人卖，只要对资金的吸引力够大，必然也会更大的需求，这种金融产品的高弹性为虚拟经济的价格提供了更大的条件空间。这无论是在理论上，还是在实际情况中都得到了验证。

③对市场信息的正反馈机制。对于一般性商品而言，价格上涨，需求减少，价格下降，需求增多，市场通过"看不见的手"使得价格走向平衡。但是在虚拟市场，投资者存在着正反馈机制，这种行为心

理的特征实质上是指人们通过资产过去的价格表现而对未来的价格进行预期反应，认为之前上涨的股票必然会接着上涨，从而产生更大的需求，而下跌的股票会继续下跌，从而产生更大的卖出，这种心理自然就产生了追涨杀跌的效应，也自然加快了资产价格的上涨或下跌，如果产生泡沫则也使得泡沫的膨胀或破灭速度加快，在破灭之前则会使得价格变动的幅度加剧。这种反馈理论也被人们称为恶性循环，是非理性泡沫程度加深的"最佳"工具，虚拟经济资产的价格大涨大跌，使得虚拟经济的脆弱性愈发明显。

总之，虚拟经济是当前市场经济中信用本位制度和货币资产化、虚拟化的产物，随着市场经济的不断发展，货币虚拟化的程度将会不断加大，而虚拟经济占总体经济的比重又越来越大，虚拟经济的高投机性将使得投资者不畏它的高风险性和高脆弱性而继续投入，而规模不断扩张的虚拟经济，使得资金虚拟化不断加重，结构性资产泡沫的产生就顺理成章了。

（2）货币结构失衡的原因及表现

货币结构的失衡是导致结构性资产泡沫产生的主要因素，而使得货币结构失衡的原因，通过上小节关于虚拟经济的发展与特征得到了相关的结论。就我国目前的经济结构而言，虚拟经济的快速发展已经使得大量的资金流入，前文中可以看到虚拟经济所占整体经济比重越来越大，这实质是一种货币的虚拟化，货币具有的独立运行的特征，这是虚拟经济发展的一个必然结果或货币虚拟化的一个反应。而虚拟经济的无限包容性和资源的充分利用又是吸引资金流入和有利于经济发展的，但问题也很明显，当资产市场的资产价格过度膨胀时，完全脱离实体经济的市场产生的结构性泡沫又会使得国家的经济处于危险阶段。所以，虚拟经济的发展必须建立在良性发展的前提下，而不是过度的资金流入，过度的虚拟化会使得资产泡沫最终破灭。

货币的过度虚拟化意味着货币过度流入资产市场，更加偏好于虚拟市场，根据上节（4-3）式，通过对货币总量与货币结构的分析，得到了模型：$Z(\dfrac{dP}{p}, \dfrac{dR_i}{R_i}) = f(\dfrac{dM_1}{M_1}, \dfrac{dV}{V}, \dfrac{dY}{Y}, \dfrac{d\alpha}{\alpha}, \dfrac{dp}{p})$。如果设货币流通速度不变，经济稳定增长，也就是 $v = \dfrac{dV}{V} = 0$、$y = \dfrac{dY}{Y} = 0$，这时实物价格与资产价格只与货币的总量和货币的结构组成指标有关，资产价格和产品价格取决于流向资产市场与产品市场的资金比例，在货币供给增长稳定的情况下，速度不变，则 $p + q = 1$、$p < q$ 时，流入资产市场的资金多于产品市场，大量货币集聚到虚拟经济，也就是说虚拟化过度使得货币结构失衡。

货币虚拟化过度主要表现在以下几个方面：

第一，货币流出国内市场。货币的流出是一种不太正常的虚拟化过程或现象，我国用货币流出数量除以货币供给总量来表示我国国际收支的虚拟化程度，在1997年之前的11年左右，通过计算可知货币流出年平均值为223.42美元，总额达到2 458亿美元。2015年货币流出的总额占 M2 的4.05%，年平均值可以达到3.84%。一些学者的研究还表明，货币流出与通货膨胀和结构性资产泡沫的产生具有一定的相关性，他们指出 M = E + D，即货币供给总量由国内和国外货币组成，当货币过多流出时，必然导致国内资金减少，流出越多，则对国内两个市场的价格影响越大，破坏了正常的产品价格和资产价格，因为货币流出必然使得国内资金紧张，而实体经济与虚拟经济分配到的资金变少，供应不足，有可能产生通货紧缩和资产泡沫。

第二，银行坏账、死账等不良资产。据统计，我国银行业的坏死账和不良资产的比例达到了38%，在2000年到2016年之间平均不良资产比例达到了21%。在我国，银行的资金对整个国家的经济运行的平衡起关键的作用，假设我国的货币供给由银行和资产市场来进行配置，设 $D = B + S$，再假设式中的 $B = B_1 + B_2$，而 B_1 表示银行系统的有效资金，B_2 为无效资金或不良资产。我国2016年的金融机构贷款总额为611 530亿元，如果有10%的不良资产，那么就有61 153亿元的不良资产，占整个M2的9.1%，这些无效的资金被浪费，大量的资金因为银行资金的资源使用不当而使得货币供给的比例降低，这样货币结构的失衡必然加重，就会影响到实体经济与虚拟经济的信贷资金，从而使得产品价格和资产价格受到影响，这些由不良资产而导致的货币虚拟化的不正常也在一定程度上促进了通货膨胀或结构性资产泡沫的产生。

第三，银行规模贷款的违规操作。银行等金融机构为了获得高额的收益率，通过一些方法使得大量的银行贷款流入资产市场，设银行贷款除以M2表示银行贷款虚拟化的程度。据相关统计，我国银行贷款违规流入资产市场的资金达到3万亿~4万亿，占整个M2的3.89%。大量的资金流入资产市场导致货币结构的严重失衡，让整个资产市场的波动加剧，影响到市场的发展。因为其目的是获取高额的收益率，所以扰乱了市场，使得其他货币资金的流向受到影响，当违规资金流入使得资产价格上涨过快时，泡沫的产生也就成了必然，实体经济部门的资金流入不足，价格下跌，有可能导致通货紧缩，这种不正常的货币虚拟化也是资产泡沫产生的一个原因。

第四，国内流动资金。除了那些流入到实体部门和虚拟部门的资金以外，很多个人或团队的流动资金也在到处流动，或者说追求高额收益率，当资产市场进入一次新的资产膨胀周期时，这些流动资产将率先进入，进行投机行为而牟取暴利。据统计，国内流动资金在M2中的占比为6.04%，而通过计算我国因为不正常使用货币使得货币虚拟化的总比例为20%，也就是说国内流动资金占比很大，影响到货币供给的结构失衡。

第五，存贷差加大，即银行存款过多。进入21世纪以来，很多的资金存入银行，而银行贷款却比较少，这种银行存贷差的差距越来越大，导致流入两个市场的资金都减少，据统计只有60%的存款被贷款，贷款的速度要比资产市场和产品市场的增长低得多，我国大量的资金被滞留在银行，这也从另一方面说明我国居民对资金资源的配置还不够合理。

第六，资金过度流入资产市场。从2002年2月起，金融机构、证券公司可以通过自己的股票和基金券作为向银行贷款的抵押，这样货币就可以直接进入到资产市场，而资产市场的高收益率使得资金大量流入，从天然条件上就形成了对实体经济在资金吸引力上的优势。据统计，我国商业银行供给证券公司的资金的比例达到了77%，而股票二级市场通过新股发行的方式，平均每月都可以冻结几万亿的资金，使得流入和滞留在资产市场的资金大量增多，货币虚拟化的表现尤为突出。另外，因为大量资金集聚在资产市场，使得资产市场像一个储水池一样，而池中的小船则水涨船高，资产价格的上涨过度，上涨的速度远远快于产品的价格增长速度，从居民资产结构组成来看，我国居民的金融资产的增长速度要比实体资产的增长速度高出13个百分点。也就是说无论资产市场亏损或赢利，很多人已经把其当作一个具有储蓄功能的市场，无论市场价格的高低，都停留在市场中，到了一定时候才抛售，这样使得大量的货币资金集聚在资产市场，也使得货币虚拟化更加严重。通过上面模型中 $\gamma = \dfrac{\sum R_i K_i}{PY}$，虚拟经济与实体经济的货币总量比值的变化也可以看到货币虚拟化的变化情况。

综上所述，我国货币结构失衡的主要原因是货币的过度虚拟化。

而从过度虚拟化的表现来看，程度比较严重，有大约30%的资金从实体经济部门流入到虚拟经济部门，超出了资产市场正常的货币需求范围，而实际货币供给总量与理论上货币供给总量相差不大，也就是说我国货币供给总量在正常范围以内，或者说有少量货币供给过量，那么产生货币结构失衡或结构性资产泡沫的主要原因就是货币过度虚拟化。大量的货币投机扭曲了货币结构，为追求资产市场的高额收益率而导致巨额的资金集聚到资产市场。

4.2 资金流向与资产市场引力模型

4.2.1 资金的流动方向

通过第3章关于传统货币数量理论的扩展，得出现代经济的结构已经从原来的货币市场和产品市场的两部门经济发展成现在的由货币市场、产品市场、资产市场组成的三部门经济，而货币供给的方向则不再仅仅是实体经济部门，还包含了虚拟经济部门，甚至虚拟经济部门对资金的吸引能力已经远远大于实体经济部门，所以有必要对资金的流向作一个具体的理论分析，这样有助于对结构性资产泡沫产生的前提与基础有一个更好的了解。对于我国货币流动方向的研究，很多学者之前做了一些相关的工作，伍志文（2003）认为货币流动结构失衡的程度远大于货币总量失衡，而原因主要是货币的过度虚拟化，也就是大量的资金通过货币市场流向资产市场，以致金融资产的价格过度上涨，使得虚拟经济内部产生结构性资产泡沫；李晓超（1997）从社会资金结构方面分析了社会资金流向的背景与原因，认为收入分配、银行存款利率水平下降、居民追求高收益率、企业建制改制是使社会资金流向变化的根本原因；张明（2013）通过构建非限制性

VAR 模型得出人民币升值预期、人民币利率、中国股市价格指数、中国经济增长率等是影响短期资本流动的主要因素；余壮雄（2014）等通过采用与 F-H 法不同思路的贝叶斯模型平均（BMA）方法对国内资本流向进行了计算，分别从政治和市场的角度来分析对资本流向的影响，得出中国的区域间的资本流向是政治因素与市场因素共同作用的结果；刁思聪（2011）以贷款总额、工业增加值、CPI 为变量构建 VAR 模型，对我国出现的信贷资金流入股票、房地产市场的数量进行实证估计，结果表明：2007 年、2009 年大量的信贷资金流入资产市场，而 2005 年大量资金从资产市场流出。从以上相关论述看到，我国学者对货币流向是否导致结构性失衡和产生泡沫经济并没有进行更深入的探讨。

传统货币数量理论提出初期，是以金本位制的货币制度为基础的，这样货币的供给与发行完全依赖黄金的分量来进行制定，而此时经济的膨胀只与通货膨胀有关，因为实体经济的发展总是与黄金的开采量或者储备量有关。又因为不存在资产市场部门或者说资产市场微不足道，所以不可能产生结构性资产泡沫或泡沫经济。但是当布雷顿森林体系崩溃，信用本位制替代金本位制后，货币的供给则不再依赖黄金这种硬性的标准约束，而是通过信用来进行，正是因为这种变化使得当宏观经济在结构或总量上出现问题时，这时候国家就会通过增加货币供给量来进行经济的刺激，结果则导致国家甚至全球的货币供给超额。另外，信用本位制代替金本位制以后，对价值的评价标准也发生了改变，不再以客观的固定黄金为主，预期替代了客观的价值评价标准，而预期不是固定不变的，它依赖很多因素，比如市场信息、预期的形成方式，在信息上已经被证明是不对称的，也是不完全的，预期的形成方式存在着多样性。在这样的背景下，由客观标准变成主观的价值判断必然使得金融市场上的套利不再有效。资产市场迅速发展，并且风险变大，实体经济受到影响，货币运行的独立性特征使得金融脱媒现象越演越烈，资产市场的衍生品越来越多，使得资产市场结构复杂且多样，传统的单一宏观经济结构必然不再适用。如果还是单纯从单一货币总量流动方向进行目前的多结构层次分析甚至会产生结构性的错误，对国家政策的实施起到很大的阻碍作用。所以，在现代经济结构的组成下，研究结构性的经济问题才能更全面地解释国家经济的通货膨胀与结构性资产泡沫（泡沫经济）的现象。当从单一的总量问题进入到结构性的宏观经济总量问题时，那么必然会发现现代经济中的结构特征和一些传统方法的缺陷，以往的价格由价值定价方式不再有效，市场价格必须依靠供求关系来确定，对于资产市场来说，资产价格的结构组成与资金的流向密切相关，或者说与供求密切相关。因此，对资金流动方向的考察是研究结构性资产泡沫产生的必要因素。

根据第 3 章对传统货币数量方程的扩展，得到扩展的货币数量方程（3-3）式：

$$MV = PY + \sum R_i K_i$$

以及它的另外一种形式，（3-4）式：

$$m + v = \alpha(y + \pi) + \sum \beta_i(k_i + r_i)$$

其中，记 $m = \dfrac{dM}{M}$，m 为货币供给增长率；$v = \dfrac{dV}{V}$，v 为货币流通速度增长率；$y = \dfrac{dY}{Y}$，y 为经济增长率；$\pi = \dfrac{dP}{P}$，π 为通货膨胀率；$r_i = \dfrac{dR_i}{R_i}$，r_i 为第 i 种资产平均收益率；$k_i = \dfrac{dK_i}{K_i}$，k_i 为第 i 种资产独立交易规模增长率；令 $\alpha = \dfrac{PY}{MV}$，α 可看作实体经济占整体经济的比重；$\beta_i = \dfrac{R_i K_i}{MV}$，$\sum \beta_i = 1 - \alpha$，$\sum \beta_i$ 为资产市场占整体经济的比重；$\gamma =$

$\dfrac{\sum R_i K_i}{PY}$，是衡量资产市场与实体经济的量化之比。

从（3-4）式可以看到，货币供给的增长率由产品市场的增长率、通货膨胀率、资产市场的平均收益率、资产市场的规模增长率来决定。从长期来看，在货币结构稳定的情况下，如果货币供给增加 $(m+v)\%$ 时，那么货币则按照 $\alpha:(1-\alpha)$ 的比例分别流入到产品市场和资产市场，这时候它们的规模增长率分别为 $\alpha(y+\pi)\%$、$\sum\beta_i(r_i+k_i)\%$，此时因为处于货币结构稳定状态，整体经济稳定运行和增长。

无论是从理论分析还是从数学方程式来看，资金的流动方向为两个市场：产品市场和资产市场。这样在货币市场、产品市场、资产市场之间可以构成一个传导关系图，如图4-4所示。在讨论货币的结构性时也得到过类似的流程图：

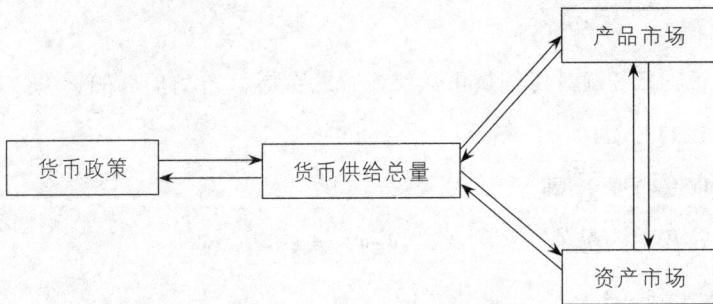

图4-4　资金流向流程图

从图4-4来看，第一，我国通过货币政策来决定货币供给总量的大小，而货币的供给方向有两个，产品市场和资产市场；第二，产品市场和资产市场之间的货币会相互流通，在货币供给总量与资产市场之间，如果货币供给流向资产市场过多，则资产市场的规模变大，价格上涨，而资产市场通过自身的供给与需求关系来对资金的流入产生影响，两者之间相互影响；第三，货币市场与产品市场之间，货币市场同样影响产品市场的规模大小、名义收入水平、产品价格的高低等等，而产品市场反过来通过收入水平、产品价格及货币化程度来影响货币的流入；第四，在产品市场与资产市场之间，资产市场的财富效应、托宾"Q"、高额收益率使得资金的方向变化，并且影响人们的消费与投资行为，从而影响到了整个产品市场的资金流入情况，而实体经济是虚拟经济的基石，产品市场通过收益的稳定增长预期以及价格的稳定等因素来影响资金流入，从而影响到资产市场的资金流入情况，两者之间呈现一种对流形态。

4.2.2 资金流向的驱动因素

1.资金流向驱动因素的分析

无论是从上一章中得到的（3-7）式，还是从现代经济结构中扩展而得到的货币数量理论方程都可以看出，在货币供给给定的情况下，货币资金的流动只有两个方向，要么是代表实体经济的产品市场，要么是代表虚拟经济的资产市场。通过（3-7）式还可以看到，如果货币超额供给，并且资金在某一个部门产生集聚效应的时候，必然会导致该部门的价格膨胀，也就是产品市场的通货膨胀或者是资产市场的资产泡沫。为了抑制这种情况的发生，必然要在实施货币政策时掌握资金流向，那么，如何掌握资金流向的平衡点才能使资金流向达到平衡？这又取决于流动的驱动因素，哪些因素对资金流动的方向起着关键性的作用？这是这一节要讨论的内容。

从理论的角度来看，货币资金在两个部门的流动配置依赖货币需求结构变动的情况，而影响货币需求结构的因素必然就是影响资金流动方向的因素，所以可以从货币需求结构这个方向进行分析。根据凯恩斯货币需求理论，可将货币需求分成以下三类：交易性货币需求、投机性货币需求、预防性货币需求。

交易性货币需求是指在实体经济中，对一般生活的日常产品或商品的交易或购买而需要的货币资金，这部分资金主要有两种主体，一种是个人，一种是企业。因为与实体经济相对应，自然这种对资金的交易性需求与通货膨胀，产品价格，经济增长速度相关。

投机性货币需求是指投资者根据市场利率变化的预期，通过对货币的持有准备进行投机的动机与行为，根据对市场信息与行情的把握和变化预期进行金融投机，就产生了这种对货币的投机性需求。显然投机性货币需求主要是针对资产市场，与市场预期、市场利率、市场信息、投资者心理特征以及各种资产的收益与风险等因素有关。

预防性货币需求主要是指人们为了应对一些不可预测的需求而持有的货币，在生活中总会出现一些未曾预料、不确定的经济支出，这样就必须持有一定的备用货币。预防性货币需求主要与不确定相对应，包括各种政策制度的不确定性、经济的不确定性、生活的不确定性。

根据以上三种货币需求的特征可以看到，如果短期内认为制度和社会经济活动等外部环境是不变的，那么货币需求结构的影响因素或者货币资金的流动方向的影响因素可能不考虑预防性货币需求中的变动因素，也就是说只需要考虑交易性货币需求和投机性货币需求。从交易性和投机性货币需求的影响因素来看，各个市场对货币的需求最终的目的还是为了增值获利，而从货币资金的本质来看，是为了增值，即影响货币资金的流动方向的主要因素是资金是否能在该市场获得高额收益率，所以认为资金流动方向的影响因素之一是经济行为人的资金在产品市场或资产市场的收益率的大小。

为了更形象地说明我们刚才的理论分析，通过我国一些简单的数据来进行简单的验证。这里为了便于计算与收集数据，暂且将股票市场作为资产市场的唯一代表，另外在对2014年1月到2016年3月的股市进行数据分析时，发现一些基本现象：一是我国股票市场总股本每个月的发行增长率基本上保持稳定增长，大约在1.5%左右，极少数在2%以上，所以我们把方程中的k看作是常数c（k = c）（见图4-5、图4-6）；二是沪深股市的平均换手率在20%左右波动，看作是货币流通速度，而实体经济的流通速度比较稳定，设v = 0。

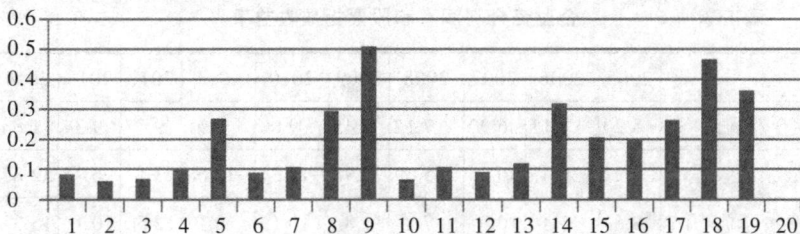

图4-5　股票总发行股本增长率

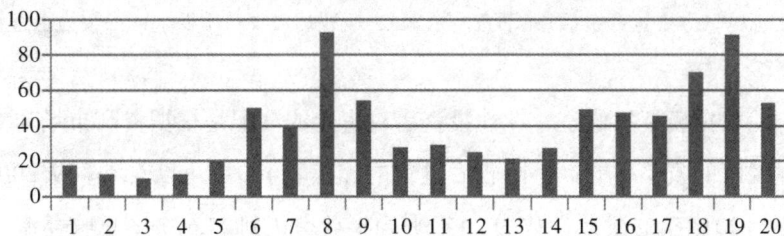

图4-6　股市平均换手率（%）

则公式（3-3）变成：

MV = PY + RK

其中M，V，P，Y与上面相同，R，K分别为独立的资产市场股票的交易平均价格和资产总量。对上式进行处理后得到：

$$m + v = \alpha(y + \pi) + \beta(k + r), \quad \alpha = 1 - \beta \tag{4-4}$$

$$m = (y + \pi) + \beta(k + r - y - \pi)$$

$$\beta = (m - y - \pi)/[(k - y) + (r - \pi)]$$

$$[m - (y + \pi) - \beta(k - y - \pi)]/\beta = r$$

$$[m - (y + \pi)]/\beta - k + y + \pi = r$$

$$r + c = (y + \pi) + \frac{m - (y + \pi)}{\beta}, \quad k = c$$

当 m > y + π 时，资产市场的规模增长率（r + c）与（1 - β）是同向的，资产市场与实体经济的增长率良性互动，实体经济规模越大，则所占比例越大，资产市场的规模就越大，收益也越高。通过现实中的数据来看具体的情况，如表4-3所示。

表4-3 企业资金利润率和股票指数收益率 单位：%

	2005	2006	2007	2008	2009	2010	2011	2012	2013	2014
企业利润率	8.29	7.11	6.92	7.12	7.45	9.00	8.91	9.77	9.34	11.88
股票指收益率	-8.32	130.43	96.66	-65.39	79.98	-14.31	-22.68	3.17	-6.75	52.87
市价总值/GDP	8.6	15.4	10.9	7.89	11.8	10.1	9.1	12.5	10.1	13.3

数据来源：相关数据均来自统计年鉴，企业资金利润率=（利润总额+利息+税额）/（固定资产余额+流动资产余额），股票指数收益率以上证指数为主进行计算。

根据模型的假设，理性投资者对资金的分配是根据资产市场与实体经济的收益率的大小比较后进行的。在表4-3中可以看到，从2005年到2014年的股票指数的10年平均收益率达到24.67%，总收益率为246.65%，而企业资金利润率为8.579%，总收益率为85.79%，企业资金收益率只有股票收益率的1/3，相对应的资产市场的市价总值在GDP中的比重在不停变化，从2005年的8.6%上升到2014年的13.3%。另外，历年收益率的数据显示，资产市场收益率的波动性要比实体经济的收益率的波动性大得多，而且资产市场的收益率极不稳定，在2005年为-8.32%，到了2007年就变成了96.66%，接下来又变成2008年的-65.39%，实体经济的利润率起伏很小，要比资产部门的更加稳定。这样可以得出，资产市场与实体部门在指数的波动性上都有很大区别，无论是从大于0还是小于0的角度而言，实体部门要稳定得多。在资产市场的收益率大于实体经济的利润率时，市价总值在GDP的比例稳定增加，不过当资产市场的收益率很大幅度小于实体经济的利润率时，市价总值的比例在下降，虽然下降的幅度很小，这种现象与我们前面分析的相符，我国资产市场的投资者具有高度投机性和很强的损失厌恶心理特征。很多的投资者可能不会走出资产市场，而是找到资产市场中具有替代效应的其他市场，例如从股票市场转向房地产市场或基金产业，或干脆作为一种储蓄的资金留在资产市场，认为是一种财富持有，这样就产生了两种市场的资金流动的不对称性和对资金吸引力的不对称性。这也必将为资产市场的泡沫的出现埋下了隐患。

2.驱动因素之收益率

在前面章节提到过，在货币结构稳定的情况下，如果货币供给增加$(m + v)\%$，那么货币则按照$\alpha:(1 - \alpha)$的比例分别流入到产品市场和资产市场，这时候两个市场的规模增长率分别为$\alpha(y + \pi)\%$、$\sum \beta_i (r_i + k_i)\%$，此时因为处于货币结构稳定状态，整体经济稳定运行和增长。但资金流动方向的影响因素是收益率的大小，所以资金在产品市场和资产市场之间的配置或分布必然会随着收益率的不同而不同。实质上，非均衡的分配情况是资金流动的一种常态，如果资产市场的投资收益率高于产品市场的投资收益率，那么资金会集中流向资产市场，反之亦然。而在理想状态下，如果两部门的收益率是相等的，那么这时候市场的资金流动达到平衡状态，但是从行为金融学的角度来看，由于资金的本质特征和投资者的高度投机性、损失厌恶性等等心理特征，投资者一般情况下都会预期资产市场的收益率高于产品市场的收益率，所以资金会倾向于资产市场，因为资金的过度流入，导致资产市场的价格过度上涨，规模不断扩大，从而泡沫也随之产生。在货币供给不变的情况下，资产市场的资金的流入必然伴随着产品市场的资金萎缩，这样对产品市场的影响很大，产量降低，产品价格下降，经济增长过缓。但是如果反过来，产品市场的收益率较高时，资产市场的资金却不一定会流入产品市场，因为人们在亏损的状态下是不会轻易抛售自己所持有的资产的，将继续停留在资产市场中等待获利，或者作为一种长期的储存财富。这样的话，就可以看到这种资金流向在实际中不对称，这种不对称也为结构性资产泡沫的产生做了很好的准备。

为了从理论方程的角度对以上说明进行解释，假设以下几个条件：

假设一：资金具有追求收益最大化的本质属性；

假设二：货币供给的最优状态为产品市场和资产市场两个部门的货币边际收益率相等，此时经济结构处于平衡状态；

假设三：产品市场与资产市场存在交易成本。

接下来，设 R_1，R_2 分别为产品市场与资产市场的收益率，C_1，C_2 分别为产品市场与资产市场的交易成本，V_1，V_2 分别为两个市场交易的货币流通速度，M_1，M_2 分别为两个市场的货币流入量，M_1 包括产品市场中的交易成本和以储蓄形式存在的货币量，M_2 包括资产市场的交易成本和资产市场中以股票、房地产、债券等形式存在的货币量。

由上一节得到：

$$MV = PY + RK = M_1V_1 + M_2V_2, \quad M = M_1 + M_2$$
$$M_1V_1 = PY, \quad M_2V_2 = RK$$

根据假设二，整个经济达到平衡状态时：

$$\frac{(R_1 - C_1)V_1}{M_1} = \frac{(R_2 - C_2)V_2}{M_2} \tag{4-5}$$

利润率等于（总净收益率/总资本）*单位货币流通速度，平衡状态时资金按 $\alpha:(1-\alpha)$ 的比例进行投资。

对（4-5）式变形：

$$\frac{(R_1 - C_1)V_1}{(R_2 - C_2)V_2} = \frac{M_1}{M_2} = \frac{\dfrac{RK}{V_1}}{\dfrac{PY}{V_2}} = \frac{V_2}{V_1} \cdot \frac{RK}{PY} = \frac{V_2}{V_1} \cdot \gamma, \quad \gamma = \frac{RK}{PY}$$

又根据假设一，当 $\dfrac{(R_1 - C_1)V_1}{M_1} < \dfrac{(R_2 - C_2)V_2}{M_2}$ 时，此时资产市场的收益率相对更高，资金流入资产市场，$\dfrac{M_2}{M_1} < \dfrac{(R_2 - C_2)V_2}{(R_1 - C_1)V_1}$，资产市场与产品市场资金量之比小于利润之比，当资金流向资产市场时，使得 M_2 增大，资产市场的 RK 总量增大，$\dfrac{M_2}{M_1}$ 变大，直到使不等式相等为止，从而达到均衡。

反过来，当 $\dfrac{(R_1 - C_1)V_1}{M_1} > \dfrac{(R_2 - C_2)V_2}{M_2}$ 时，$\dfrac{M_2}{M_1} > \dfrac{(R_2 - C_2)V_2}{(R_1 - C_1)V_1}$，资金流向实体经济，使得 M_1 增大，实体经济的 PY 总量增大，$\dfrac{M_2}{M_1}$ 变小，直到使不等式相等为止，达到平衡状态。

通过上面的分析，如果想要整个经济体系能达到这样一种货币供给的均衡状态，只要遵守 $\dfrac{(R_1 - C_1)V_1}{(R_2 - C_2)V_2} = \dfrac{M_1}{M_2}$ 的投资比例就可以，当两个市场的货币边际收益率相等时，货币按照 α，β 的比例投资于市场，货币供应量增长率 $(m + v)\%$，实体经济增长率 $(y + p)\%$，资产市场增长率 $(k_i + r_i)\%$，市场实现货币供给与分配的最优化状态。但是从我国的经济情况来看，这种状态是极其偶然的，我们在上一节也分析了，货币结构的失衡使得通货膨胀和结构性资产泡沫不断产生，而货币结构失衡的主要原因又是货币虚拟化过度的结果，因为资产市场的投机性，为了追求高额收益率使得资金不断流向资产市场，所以这种均衡状态极其偶然。

3.驱动因素之风险

风险对于任何人来说，无处不在，走在马路上要小心车辆，在家里要小心水电的使用，甚至吃东西都要小心。但是风险的大小肯定是与人自身的生活环境和性格相关，人们都不愿意去承担不必要的风险，或者说尽量减少风险。而在金融市场中，如果想要获得更好的收益，往往就意味着风险更大。因为金融资产价格的内在不稳定性和波动性，让投资者随时都有可能面临损失的风险。那么如何来衡量和预测风险成了很多学者研究的课题，风险实质上就是指一些不好的事情发生的概率，但相反的情况是，好的事情发生的可能性也很大，如果你要得到好的东西就必须权衡风险与收益之间的配比关系。在金融市场中如果把握住风险的度量情况，那么获得好的收益可能性是很大的。风险与收益相伴相生，在金融投资领域，风险更是人们谈论中不可缺少的一部分，那么什么是风险呢，如何通过相关的概念去对它进行度量？在金融投资统计分析中，风险的度量问题是一个理论的基础知识。

对于风险的定义，目前学术界还没有统一的结果，其中比较有代表性的定义可以分成三类：第一，风险与不确定性联系在一起。一项经济活动的风险可以由其收益的不可预测的波动性来定义，而不管收益波动采取什么样的形式，导致什么样的后果。第二，风险是与它可能带来的不利结果一起的。一项经济活动的风险可以由其收益波动造成的损失来定义，而不论其价格波动将采取什么形式，是否可以预测。第三，一项经济活动的风险是与不确定性和相应的不利后果相联系的。第三种相当于是前两种的综合。根据第三种定义，一个经济产品的价格和收益的波动性可以用来衡量其不确定性，但只有当这种不确定性可能给投资者带来损失时才构成这一投资载体的风险。这一风险定义与人们一般的理解取得了一致，结论就是，"风险是不利状态出现可能给经济行为人带来的损失"。

　　从上述定义来看，不管是哪种定义，风险和不确定性都联系在一起，风险产生的根源也正是这种事物发展的不确定性。任何不确定性的决策都会给事件带来要面对的风险。从经验上看，无法用数量来确定风险与不确定性之间的数量关系，但是不确定性程度的改善却有利于人们回避风险，提高决策的收益率。如果说风险产生的根源已被人类所揭示，并且风险的概念被很多人已经掌握，那么有关风险的衡量又成了一道难题。对于这个值得探讨的问题，在前面介绍不确定性与风险的概念时，并没有得到两者之间的数量关系，只是谈到了只要有不确定性的存在，那么就会有风险的存在，提示了风险存在的原因。但是在现实世界中，如果想要提高经济投资决策的科学性与它的应用性，那么对于不确定性与风险的数量关系就是一个不可避免的问题。如果想要得到它们的数量关系，那么对风险度量就成了一个进入口，对风险的度量很多著名的经济学家都给了很多的方法，主要有三种，（1）σ^2；（2）β值；（3）范围法。其中第一种方法的应用最广泛。

　　我们认为，收益与风险是相伴相生的，并且具有相反的评价，即 $\dfrac{\partial U(r, \sigma)}{\partial r} > 0$，$\dfrac{\partial U(r, \sigma)}{\partial \sigma} < 0$（其中，$U(r, \sigma)$ 为效用函数，r 为预期收益率，σ 为风险），在投资过程中，行为人在面临金融风险的同时，也面临着获得收益的结果可能性。一般情况下，投资者的行为不会单纯地以收益为依据，因为风险过大，投资人也会望而止步，更不可能仅以风险为依据进行投资，而是通过对风险和收益的权衡进行资金投资的选择，在权衡的过程中，不同的投资人对风险不同的偏好特征决定了投资行为的差异。在1952年，美国著名金融经济学家马柯维茨在"证券组合的选择"中提出了用标准差 σ 衡量风险的方法，马柯维茨（1952）首先提出了这种权衡思想，并开创性地利用标准差作为风

险度量变量对有风险证券市场中的证券投资组合选择进行了深入研究，得到了有效投资组合下预期收益与风险的权衡关系[①]：

$$\sigma_p^2 = a\left(r_P + \frac{b}{a}\right)^2 - \frac{b^2}{a} + c \tag{4-6}$$

其中，σ_p^2 为有效投资组合的方差，r_p 为有效投资组合的预期收益率，a，b，c 为证券市场参数，且 a、c > 0，$ac > b^2$。

根据（4-6）式继续变形可得到：

$$\frac{\sigma_P^2}{c - \frac{b^2}{a}} - \frac{(r_P + \frac{b}{a})^2}{\frac{c}{a} - \frac{b^2}{a^2}} = 1$$

由 a、c > 0，$ac > b^2$ 知，$c - \frac{b^2}{a} > 0$，$\frac{c}{a} - \frac{b^2}{a^2} > 0$，所以就得到标准差（风险）与预期收益率的双曲线方程。

（4-6）式所表达的含义为，对于任何给定的预期收益率 r_p，式中的方差（风险）均为最小。那么这个最小是否可以为 0 呢？也就是说当我们投入资金获取收益的同时，通过对投资组合的分配从而达到不用承担风险的程度，从上式来看我们只需要证明：在预期收益率 r_p 可变的情况下，方差曲线存在着最小值，并且最小值要大于 0。

根据极值定理，对（4-6）式求导得：

$$\frac{d\sigma_P^2}{dr_P} = 2a\left(r_P + \frac{b}{a}\right)$$

设 $\frac{d\sigma_P^2}{dr_P} = 0$，推出：$r_P = -\frac{b}{a}$。也就是说如果预期收益率 $r_P = -\frac{b}{a}$，则方差取得最小值：

$$\min(\sigma_p^2) = a\left(-\frac{b}{a} + \frac{b}{a}\right)^2 - \frac{b^2}{a} + c = c - \frac{b^2}{a}$$

① 李腊生，翟淑萍. 现代金融投资统计分析 [M]. 北京：中国统计出版社，2009：97.

又因为 a、c > 0，ac > b²，所以 $\min(\sigma_p^2) = c - \dfrac{b^2}{a} > 0$。

这样我们就得到了一个结论：无论投资的资金如何分配，在收益率变化的情况下，风险都是不可能为0的，也就是说任何时候都有风险，收益与风险具有伴生性。

在证券市场有效的情况下，预期收益率的高低往往与风险的大小是对称的。也就是说，仅仅以预期收益率最大作为投资决策的标准，其实也意味着按风险最大准则决策，而投资者总是厌恶风险的，收益与风险的对比冲击使得投资在投资选择中不能仅以预期收益率最大作为唯一的准则，而是在收益与风险之间进行权衡。进一步讲，资金的投资选择同样不仅仅是考虑收益率，还会考虑到风险，这两者之间具有伴生性。

事实上，无论是从资本追逐利润的本质属性，还是从影响交易性需求与投机性需求变动的因素上分析，货币资金流向的决定因素都可归结为经济行为人对产品生产和资产投资的收益与风险预期两个方面。因此，货币资金流向便可归结为经济行为人对可选工具或市场预期收益与风险的权衡。

4.2.3　资产市场引力模型

从上一节可知，货币资金流向的驱动因素与市场的收益率和风险密切相关，然而对于宏观结构而言，马克维茨的风险证券组合选择理论却不一定适用。(4-6) 式所显示的收益与风险的关系是否对于所有的资产都存在？如果存在，那么收益与风险是一种非线性关系式，两者之间的权衡配置会随着风险的特征状态不同而不同。那么对于宏观角度的资金流向而言，很难给出货币流向的明确结果的判断。在有效市场假说的前提下，(4-6) 式成立。而在现代经济的理论与实践中，资产之间的相互套利已不再有效，行为金融学中从心理特征等方面已经验证了这些，那么在这种套利不再有效的情况下，（4-6）式的等式关系不再成立，如果出现了套利的现象，也不能确定资金一定会流向价值被低估的资产。

既然马克维茨提出的这种风险与收益的权衡思想无法对货币资金的流动方向给出一个明确的一致性判断，就必须采用其他方法了。收益与风险仍然是资金流向的驱动因素，但是却无法权衡它们之间的配置关系，那么是否可以对风险和收益两个变量进行合成呢？因为风险与收益具有伴生性，而且又有相反的评价方向因素，可以根据数学方法中的合成技术，进行多因素转换单因素、单变量的变形。也就是说货币资金的流向与收益和风险组成的一个因子有关，这里将其称为资产吸引因子，显然这样就更适合通过吸引力因素去判断资金的流向，那么接下来的任务就又变成了利用什么样的合成方式来度量吸引力的大小。

从理论上来看，货币资金的吸引力与收益成正比，收益越大，对资金的吸引力也自然会大，与风险自然就成反比，风险越大，吸引力则越小，像这种将正反比变量合成与因变量之间构成关系式的数学模型，比较典型的是物理学中学过的万有引力定律。万有引力定律中物体间的万有引力为：$F = G \dfrac{m_1 m_2}{r^2}$（其中，$F$ 为吸引力，m_1、m_2 分别为两个物体的质量，r 为两物体之间的距离，G 为吸引力系数），即两物体之间的吸引力与两物体质量的乘积成正比，与两物体之间的距离成反比。从形式上来看，似乎在变量上都是可以进行模型变量的替换来进行资金吸引力的模型建立，那么如何才能得到比较完善的这种模型呢？

实际上，对于万有引力定律在经济上的应用，在很早之前就有了，一些经济学家通过实证研究或经验证据逐渐将物理学中的引力法则应用于经济学中。最早的是雷文茨坦（E.G.Ravenstein，1880）引入引力模型用于人口分析；而莱利（Reilly W.J，1931）是将引力模型应用在整个社会经济研究的先驱，提出了著名的莱利公式，这个公式也得到了广泛的应用。当然经济学中的引力与物理学中的引力有着很多不同，物理学中的引力的基础是牛顿第一定律，以万有引力为主，表示两个物体间的万有引力与质量的乘积成正比，而与距离的平方成反比。而经济学中的引力模型，则以万有引力模型为原型，以距离衰减原理为依据，即距离越远，经济现象中的相互作用的强度越低，这种经济中的引力模型公式随着经济社会的进步与后人的持续研究变得越来越完善。在 20 世纪 50 年代，Isard 和 Peck（1954）、Beckerman（1956）从直觉上认为如果两个国家在经济上距离越近，则它们之间的贸易规模和流量就越大，这种思想无疑与万有引力定律吻合。而后来对其进行实证的是 Tinbergen（1962）和 Poyhonen（1963），他们将引力模型与国际贸易活动相结合，使用引力模型研究两国之间的贸易流量，并且得到一致的结果：两国的贸易规模与他们的经济总量成正比，与两国的距离成反比。

贸易引力模型在经济体系中的应用经过了其独特的发展轨迹，从贸易领域开始，中外学者经过几十年的努力得到了一系列有价值的相关结论。（Anderson，1979）指出两个国家之间的单项贸易流量与它们各自的经济规模成正比，与它们之间的距离成反比，这正与物理学中的引力模型类似，而贸易引力模型也因此而得名。不过这个模型不是根据理论推导而得出，而是通过最初的经验与直觉和现实中的贸易特性而建立，它们实证研究为先，而后才进行理论研究。Tinbergen（1962）、Bergstrand（1985，1989）、Anderson 和 Wincoop（2003）利用引力模型对国际贸易流量和流向作了大量的实证分析，也使得后面的理论模型方程的构建不断完善与进步。那么除了这种对国际双边贸易引入引力模型以外，现代的许多学者从行业角度利用引力模型进行分析与实证。史朝兴和顾海英（2005）研究了蔬菜出口贸易的流量研究，马琳和李文理（2008）建立了中国大陆水产品出口贸易引力模型，傅京燕和赵春梅（2014）通过面板数据在引力模型的扩展上，实证分析了环境的规定对几类污染密集型商品出口贸易的影响。从目前来看，引力模型在经济领域的使用主要从贸易的角度出发，无论是初期的整体贸易角度，还是从后来行业层面的角度，均是以实证为基础进行研究，而理论上的依据从最初的模仿到目前利用各种经济理论来推导引力模型，取得了较大的进步。但是对万有引力模型在我们刚才所说的资金的流向方面，从资金吸引力的角度进行研究的却没有，这给我们对这个资金引力模型的建立带来极大困难，几乎是没有任何参考。

贸易引力模型的建立成功的最关键的一点是变量之间的直接替换，不需要做太多的变换，因为正反比变量都可以很顺利地得到，但在建立资产市场引力模型的过程中，却不能这样做，因为有这样几点要注意：

第一，物理学中的万有引力是具有质量的两个物体之间的作用力，而力学中作用力与反作用力同时存在并且相等，两者的吸引力既是物体甲，也是物体乙的，在大小上相等，方向上相反，但资金的吸引力则没有这种属性或者说对称性。

第二，如果说资产的引力模型的收益率可以代替万有引力中的质量变量，那么如何用风险去替代距离变量呢？因为尽管在收益与风险的权衡中，只有风险变量与资金吸引力具有反比关系，但问题在于，资产的多样性使得每个资产都有风险，那么我们用哪个资产的风险来代替距离变量呢，资产甲的、乙的、还是甲乙的期望值？

第三，吸引力的度量问题，即如何形成统一的一致性度量。

第四，万有引力中有一个吸引力系数，那资产市场引力模型中的这个吸引力系数如何处理？

为了解决这些难题，首先认为资产市场的资金来源为无风险借贷，认为无风险借贷是固定不变的一方物体，起到一个定点支撑作用，这也符合实体经济是虚拟经济的基石，而万有引力模型中的物体质量我们则用市场的收益率代替，都有与因变量成正比关系的属性，而风险根据马克维茨的理论，用资金流入市场的收益率的方差进行度量，代替万有引力定律中的距离变量，这样就解决第一与第二的问题，由此就可以得到资产市场中第 i 种资产对货币资金的吸引力模型：

$$F_i = a_0 \frac{r_i r_f}{\sigma_i^2} \tag{4-7}$$

其中，F_i 为资产 i 对货币资金的吸引力，r_i 为资产 i 的预期收益率，当资产 i 为实体经济中产品生产时，r_i 为预期利润率，r_f 为无风险利率，σ_i 为资产 i 收益率的标准差，即资产 i 的风险，a_0 为吸引力系数。

（4-7）式所给出的资产对资金的吸引力模型不仅克服了上述两个方面的障碍，而且其借助万有引力模型还很好地揭示了货币资金吸引力的经济内涵，实现了收益与风险权衡在数学科学性上的合成。

另外，由于货币资金流向只与资产对货币资金吸引力的相对大小有关，而与其绝对量无关，因此，在资产 i 对货币资金吸引力度量模型（4-7）式中，常数 a_0 可以被忽略或标准化为 1，这样，资产 i 对货币资金吸引力度量模型就可简化为：

$$F_i = \frac{r_i r_f}{\sigma_i^2} \tag{4-8}$$

货币资金吸引力度量模型（4-8）式既是对货币资金流动因子的

一种综合度量，也是揭示资产市场（含产品市场）价格形成与交易量特征的工具，通过它可以很容易获得市场均衡的条件，也就是说，当所有市场对货币资金吸引力相同时，整体的宏观经济活动便达到了均衡，或者说，宏观经济均衡的条件为：

$$F_i = F_j \qquad (i,\ j = 1,\ 2,\ 3\cdots,\ n) \tag{4-9}$$

表示成收益率与风险的关系则是：

$$\frac{r_i}{r_j} = \frac{\sigma_i^2}{\sigma_j^2} \text{①} \tag{4-9-1}$$

（4-9-1）式表明，当所有不同资产市场的收益率之比与风险之比相等时，宏观经济均衡得以实现。

4.2.4 非均衡吸引力与结构性资产泡沫

在上一节"驱动因素之收益率"中，我们指出货币资金流入要达到平衡必然使得市场之间的收益率相等，但因为收益与风险的相伴性，所以这个条件也只能算一个必要条件，并不充分。而通过资产市场引力模型的推导，得到了货币资金流向的主要因素，即受到资产吸引力大小的主导，吸引力的大小由收益与风险组成的统一变量来决定。从（4-9）式来看，要想整体的宏观货币供给结构达到均衡，必须满足这一条件，但从现实经济活动中来看，收益率相等都很难达到，更何况加入了多变性的风险变量以后的吸引力因素呢。不同市场对货币资金的吸引力一般情况下都是存在差异的，而造成这种差异的原因就是吸引力大小的不同，当市场 i 吸引力 F_i 大时，则流入该市场的资金也大，吸引力小时，则流入资金少。假设货币供给总量不变的情况下，对资金吸引力大的市场会出现资金净流入，反之，对资金吸引力小的市场则出现净流出。这种因为收益与风险的变化引起吸引力

---

① 这一均衡条件非常类似微观经济中消费者选择的均衡条件，只要将收益率视为价格，方差视为边际效用，两者就完全一致了。

的变化，使得 $F_i = F_j$ 很难达到。

当（4-9）式难以达到时，对资金吸引力大的市场出现资金不断流入，流入越多，价格上涨越快，从而出现吸引力不断变大，这时就会产生市场的集聚效应（combined effect）。所谓集聚效应是指在经济活动和各种活动的空间上，集中产生的经济效果及吸引经济活动向一定地区靠近的向心力，这种向心力是导致城市形成和不断扩大的基本因素。它是一种经济现象，例如产业的空间集聚，产生这种集聚效应的原因一般有两种，一是政府政策的引导和产业发展的需求；二是由资本的自身属性来决定，根据市场变化情况的一种自发选择。第一种原因是实体经济产业的集聚，更多地体现在空间上。而第二种原因则是资产市场对应的货币资金的集聚，更多地体现在资产上。这种集聚效应主要是说资产市场的货币资金的资产性集聚。而资产市场中的向心力则是资产的吸引力 F，当吸引力大的时候，则货币资金较多地集中到资产市场，资金的过多流入，使得货币需求增大，从而价格也上涨，价格的上涨必然导致流入的货币资金的收益率增加，这时候便有了"赚钱效应"。当其他投资者看到市场价格上涨，根据行为金融理论和投资者的投机心理特征，产生"从众效应"，这种"从众效应"使得资金不断流入，资金过度集中到资产市场使得价格进一步上涨，并且是快速地上涨，市场的"叠加效应"产生的持续性使得资产价格的泡沫出现。在吸引力较大的资产因为资金流入过多导致价格泡沫出现的同时，吸引力较小的资产必然会流出资金，因为供给需求的变化，价格下跌，无论是实体产品，还是虚拟资产，都会出现亏损状态。在这种情况下，一部分资产价格产生了泡沫，而另一部分资产（包括产品市场）出现了亏损，结构性资产泡沫就形成了。

接下来通过资产吸引力模型的吸引力大小的比较来表现这种集聚效应的产生过程，为了方便起见，把产品市场也统一到资产市场体系中来，再根据每个资产市场的吸引力的大小进行从大到小的排序。

即 $F_1 \geqslant F_2 \geqslant F_3 \geqslant \cdots \geqslant F_n$，$\overline{F} = \sum F_i / n$ 为吸引力均值，$F_{i_0 + 1} \leqslant \overline{F} \leqslant F_{i_0}$，将产品市场统一到资产市场体系，这里（3-4）式变为：

$$m = \sum \beta_i (k_i + r_i) \tag{4-10}$$

解得：

$$r_i = m/\beta_i - k_i - \sum_{j \neq i} \beta_j (k_j + r_j)/\beta_i \tag{4-11}$$

设 m_i 为第 i 个资产市场的货币资金增长率，$m_i = r_i + k_i$，它是吸引力 F_i 的函数，且 m_i 与 F_i 呈正向变动的单调递增关系，即 $m_i = m(F_i)$，且有 $m_1 \geqslant m_2 \geqslant m_3 \cdots \geqslant m_n$，代入 $m_i = r_i + k_i$ 得：

$$r_i = m(F_i) - k_i$$

当 $k_i = k_j$ 时，就有：

$$r_1 \geqslant r_2 \geqslant r_3 \cdots \geqslant r_n \tag{4-12}$$

根据（4-11）式可知，当 $k_i = k_j$ 时，有：

$$r_i = m/\beta_i - k - \sum_{j \neq i} \beta_j r_j /\beta_i (k = k_i = k_j)$$

而当 $k = k_i = k_j$ 时则有：

$$r_1 \geqslant r_2 \geqslant r_3 \geqslant \cdots \geqslant r_{i_0} \geqslant m \geqslant r_{i_0 + 1} \geqslant \cdots \geqslant r_n \tag{4-13}$$

（4-13）式表明，如果所有资产的规模保持同步增长，则资产市场收益率的排序与它对货币资金吸引力的排序保持一致，且位于 i_0 前的资产市场，其收益率将不低于货币供给增长率。特殊情况下，即 m = 0 的情况下，吸引力排位靠后的资产市场将出现亏损，该类资产市场整体规模将不断萎缩，也就是说，稳健的货币政策对资金吸引力大的资产市场的发展不会产生明显的负面影响，但它却不利于吸引力小的资产市场的发展。

一旦（4-13）式得到满足，第一个资产市场就有了所谓的赚钱效应，赚钱效应使该市场的吸引力进一步被强化，从而产生集聚效应，这一过程可以用 GARCH 模型 $F_{1t} = \gamma_0 + \sum \gamma_i F_{1t-i} + \sum \eta_i \varepsilon_{t-i}$ 来表述，其结果表现在预期收益率上则为：

$$r_{1T} = \int_0^T (d + bF_1)dF_1 \qquad (4\text{-}14)$$

（4-14）式显示，一旦市场均衡被打破，吸引力大的市场的集聚效应将使该市场的预期投资收益率在一定时间内产生叠加效应，市场价格脱离实际价值，从而诱发资产价格泡沫，其泡沫的程度直至货币市场资金向第一个市场集中出现边际递减，其新增资金开始满足不了吸引力强化的需要为止，或者政府利用相应的政策手段，人为地阻止货币资金向市场集中。

5

结构性资产泡沫的统计监测与预警

5.1　资产市场与结构性资产泡沫

5.1.1　资产市场结构与资产泡沫的形成机理

我们知道，现代经济体系从宏观结构来看，主要分为实体经济与虚拟经济；而从内部结构的角度来看，就是实体经济和虚拟经济自身的内部结构，实体经济对应的内部结构为产业结构，虚拟经济对应的是资产结构。从现行的统计制度来看，产业结构与通货膨胀相对应，而资产结构与资产泡沫相对应。对于产业结构与通货膨胀，很多经济学者都进行过很深入的研究，但对资产市场内部结构的资产泡沫（结构性资产泡沫）的研究却比较少，没有引起足够的重视并且缺乏系统性研究。在这一章将对资产市场内部结构性资产泡沫的形成机理和产生原因进行深入的研究，提出资产市场的资金流向的统计监测与预警模型。

上一章从宏观结构的角度分析了宏观的结构性资产泡沫的形成机理以及它的产生原因，并且还通过对货币资金的流向的驱动因素进行深入分析，得到了资产市场的引力模型，认为在非均衡吸引力下，必然会导致宏观角度的结构性资产泡沫的产生。对资产市场内部的结构性资产泡沫的产生过程继续加以探讨，从前面的分析来看，无论是宏观结构角度还是微观内部视野，产生泡沫的主要原因还是资金的流入问题，所以接下来，探讨的过程还是以第4章中的整体思路来进行。

前面已经得出现代经济的市场由单一的实体经济发展为实体经济与虚拟经济并存的两部门经济，货币供给的变动不仅有总量的活动特征，更发生了流向两部门的结构性问题，当资产市场吸引力更大时，流入更多的资金，产品市场吸引力更大时也一样。但从现实情况来看，因为资产市场的流动性更强，在吸引力非均衡的情况下，使得资产虚拟化过度，产品市场的资金也转移到资产市场，产品市场的资金需求得不到满足，而资产市场却又过度流入资金。为了让产品市场稳定发展和解决货币供给不足的问题，国家不得不进行超额的货币供给，在货币超发的同时，资产市场的发展得到膨胀，内部资产产品多样化，金融衍生品越来越多，这样就使得金融脱媒现象更加严重。马锦生（2013）指出现代经济运行表现出明显的"二元经济"特征，即金融市场的不断发展和产品市场的不断萎缩。正是因为"二元经济"结构的情况出现，使得通货膨胀问题转向资产市场的资产泡沫问题，货币超额供给使得经济活动中过多的货币去购买少量的产品，包括资产产品和实物产品，这样使得通货膨胀和资产泡沫的产生成了一种必然，资产市场对货币资金的吸引力更大，所以在现代这种"二元经济"结构情况下，资产泡沫现象要比通货膨胀更容易发生。而在资产市场泡沫内部中，结构性的资产泡沫也很明显，不同的资产产品泡沫的程度是不一样的，有的资产产品的泡沫程度很大，而有的资产产品的程度很小，甚至有的没有泡沫或存在负的泡沫。所以，对于资产市场内部的结构性泡沫的研究是有必要的，预防和监测内部的结构性资产泡沫必须从资产的价格变动情况来分析。这样我们对结构性资产泡沫的预警才能得到正确的判断，然后根据预警的结果进行防范，以免因为资产泡沫的程度过大而产生金融危机，影响整个国家的经济发展。

为了对资产泡沫进行准确的统计监测与预警，先对资产市场内部的结构性资产泡沫的产生机理和形成过程进行分析。实际上，这个过程在前述宏观结构性资产泡沫的产生过程中也进行过描述，这里是类似的，不同的是在资产市场内部中进行而已。资产产品的价格的组成部分不再全部由内在价值组成，而是由资产市场对货币的供求关系来决定，这种供求关系必然会体现资金的净流入与净流出情况以及市场规模的变化速度。在一定时间内市场规模稳定增长时，定义资金净流入为市场价格增长水平小于市场规模的稳定增长率，反之，称为资金净流出。那么资产市场的供求关系的变化情况就完全可以由资金的净流入与净流出来决定，或者说由资金的资产市场内部的流向来决定。根据第4章得到的资产市场引力模型可知，资产市场内部的资金流向主要由市场本身对资金的吸引力来决定，资产市场的吸引力由收益率与风险组成的变量来决定。当风险不大，而收益率较大时，资金产生"赚钱效应"，这时候市场的投资者会得到信息反馈，从而产生第3章中给出的行为心理特征，即从众行为、过度自信、信息反应不对称等情况，在这些行为心理特征的作用下，必然会加大资金的流入，而且是资金的净流入，而被资金流入决定的货币供求曲线中的需求曲线会上移，资产的价格也就逐步上升了，价格的上涨又使得投资者产生更疯狂的投入，这样价格继续攀升，只要赚钱效应继续存在，价格就会继续上涨，当价格严重地偏离资产的内在价值的时候，资产价格也就形成了泡沫，资产市场内部的结构性资产泡沫也就形成了。

当市场出现赚钱效应的时候，市场的投资者就会反应过度，心理上产生过度自信，可以说赚钱效应是市场投资者过度自信的基础。Barber和Odean（2000）对这一过度自信行为的过程与结果进行了研究，表示过度自信会导致在货币供求上的过度，也就是交易过度，影响投资者的收益率，加大市场交易规模，加剧了市场的波动，是资产价格泡沫产生的重要原因之一。那么收益增大，或者说赚钱效应是如何产生的呢？根据第3章的分析，价格上涨的主要因素是货币资金的超额供给以及资产市场的非均衡吸引力下的资金流动，货币超额供给是产生资产价格泡沫的基础，而市场吸引力的非均衡是导致资金净流入非均衡的最终原因。那么在这种非均衡的情况下，必然会使得有的资产产品价格过度膨胀，产生泡沫，而另外的资产产品可能会出现价格下降或资金净流出的情况。所以在货币超发的背景下，结构性资产泡沫的产生就不可避免了。

接下来，根据刚才叙述的关于资产价格泡沫形成机理进行数理上的推导，与上一章从宏观货币结构失衡的角度和吸引力非均衡性上进行分析不同，因为这里是对资产市场内部的价格泡沫分析，所以侧重于从货币供求和投资者的角度进行讨论，形成的路径虽然相同，但价格的形成不再是宏观结构上的，而是资产内部自身的变化过程，在方便分析之前先进行相关的假设。

假设一：货币存在着超额供给；

假设二：资产存在着赚钱效应，在资产之间的风险相当情况下，资金流入越多，收益率越大；

假设三：在初始阶段，所有资产价处于均衡状态，不存在价格泡沫，资金流入指以高于之前资产的价格对该资产进行购买；

某资产的整体换手称为一次交易轮换，第 t 轮以后，投资者对资产的单位平均成本建立模型得：

$$C_t = P_t + D_t - R_t \tag{5-1}$$

其中，$P_0 = V_0$，$P_1 > V_0$，C_t 表示第 t 轮对每单位资产持有的价格成本，P_t 表示第 t 轮对资产的市场投资购买价格，D_t 表示第 t 轮每单位资产的交易成本，R_t 表示第 t 轮对资产持有期每单位资产的利息或股利收益，V_0 表示资产的内在价值。

随着资金不断流入某资产，该资产产生赚钱效应，假定在第 $t-1$ 轮，资产投资者以某一期（m）的期望收益率 r_m 兑现投资收益，则在第 t 轮对资产的市场投资购买价格 P_t 可表示为：

$$P_t = C_{t-1}(1 + r_m^{t-1}) \tag{5-2}$$

其中，C_{t-1}表示第 t – 1 轮对每单位资产持有的成本，P_t表示第 t 轮对资产的市场投资购买价格，r_m^{t-1}表示第 t – 1 轮对资产持有的期望收益率。在目前的中国股票市场，一般投资者都是为了获得从资产的买卖投资差价得到的收益，而不会考虑红利或股利收益，所以我们假设 $R_t = 0$，并且每轮投资者的期望收益率相等，也就是 $R_t = R_i = R_j = 0$，$r_m^i = r_m^j = r_m$，设 $D_t = cP_t$，c 为交易成本系数。

根据（5-1）式得：$C_t = P_t + D_t - R_t = P_t + cP_t = (1 + c)P_t$

$$C_1 = (1 + c)(1 + r_m)C_0$$

则得到：$C_2 = (1 + c)^2(1 + r_m)^2 C_0$

$$\vdots$$

$$C_{t-1} = (1 + c)^{t-1}(1 + r_m)^{t-1}C_0 \tag{5-3}$$

将（5-3）式代入（5-2）式得：

$$P_t = C_0(1 + c)^{t-1}(1 + r_m)^t \tag{5-4}$$

又因为 $P_0 = V_0 = C_0$，对（5-4）式进行变形得：

$$\frac{P_t}{P_0} = (1 + c)^{t-1}(1 + r_m)^t \tag{5-5}$$

设从开始到第 t 轮的总收益率为 r_t，得：

$$\frac{P_t}{P_0} = (1 + c)^{t-1}(1 + r_m)^t = 1 + r_t \tag{5-6}$$

由（5-4）式可知，投资者在第 t 轮对资产市场投资的购买价格，在赚钱效应的作用下不断攀升，又由（5-6）式可知，总预期收益率因为价格的上涨不断上升，致使资金流入增加，资产价格的增长模式具有指数形态，使得资金的累积效应明显，无论初始资产价格比内在价值高还是低，但最后因为这种赚钱和累积效应都会让资产的价格快速上升，直到形成资产价格泡沫，并继续增长。但资金是有限的，一旦后续资金不足，必然导致无法持续，此时，没有投资的加入，价格无法上涨，开始下降，一旦形成不顾成本的抛售，资产价格将断崖式下跌，资产泡沫迅速破灭。

5.1.2 风险的累积效应

风险与收益具有伴生性，前面章节已经证明对资金的吸引力不仅取决于收益，还与资产风险有着很大的关系，而对风险的研究也在持续进行，但是金融危机却一直在产生，为什么在对风险管理与评价研究以后还是会产生这种金融危机呢？这样对风险的提前判断与度量就成了一个关键因素所在，随着资产价格泡沫的增长，风险对于投资者来说也在逐渐增长，呈累积效应出现。

对风险的度量与管理方法也被很多的学者提出，在现代经济中，VaR是一种应用很广泛的风险试题技术，起源于对金融机构的风险度量，是一种从实践中得出的理论。在20世纪90年代，Wilson（1994）定义VaR为在一定置信水平和持有期内的最大可能损失，同时完善了DELTA模型。美国银行JP.Morgan通过方差与协方差矩阵对VaR进行了衡量，并在1996年，将VaR作为有可能发生的最大损失的市场价值的估计值，进行实际应用。随着它的应用越来越广泛，VaR的问题也逐渐被发现，因为金融资产的收益率或收据都呈现尖峰厚尾的形态，并不符合正态分布的假设前提。为了克服这种缺陷，Hsieh（1993）将ARCH模型的时间序列变化的思想应用到VaR中，利用ECARCH模型进行估计；Zangari（1996）提出了与Hsieh不一样的方法，通过引入Cornish-Fisher的方法，对方差、偏度、风度进行改进，这样在修正了的正态假定下，有效地对VaR进行了估计；Dowd Kewin（1999）、Bacmann等（2004）、C.Brooks、Matthew Britsker（2006）等外国学者均通过对数据的建模改进，克服了VaR正态分布下的缺陷估计。在我国，对VaR的研究相对较迟，在1997年，郑文通发表了《金融风险的VaR方法与应用》；詹原瑞（1999）在一定的假定条件下，叙述了 VaR 估计值的计算过程；王春峰等（2000）对 VaR 的发展过程、基本计算方法进行了系统的介绍，另外，通过与其他方法的比较，得到了适用范围；余素红（2004）认为 SV 模型比 GARCH 模型更能描述资产市场的特征；陈荣达（2004）将外汇期权进行扩展，得到了 Delta-Gamma-Theta 模型，而 Cornish-Fisher 的方法可以纠正 Delta-Gamma-Theta 风险对正态不符的影响；宋鹏燕等（2009）通过利用幂律型分布对 GARCH 的残差分布尾部进行拟合，进行实证分析后得到幂律型分布的 VaR 要比在正态分布假设下的 GARCH 模型和静态幂律尾法更好；李腊生等（2010）通过 VaR 方法对概率分布设定风险进行讨论，通过对 Delta-正态方法与 Delta-Gamma-Cornish-Fisher 扩展方法估计 VaR 值的比较，从实证分析的角度论证了扩展方法在 VaR 估计中的有效性与稳健性。

VaR 使得风险度量技术得到了很大的进步，不再像传统的方法那样只能事后进行评价，而是在事前就计算风险，通过不同的资产组合的风险进行总和，考虑到各种风险之间的相互影响，能够很好地反映资产市场内部的复杂风险情况，可以比较准确地对风险进行估计，比传统的方法要好得多，但又因为其在正态假定上缺陷，使得 VaR 的发展有了更好的方向，很多学者为了克服这些缺点，通过结合 ARCH 模型、GARCH 模型对 VaR 的计算进行改进，得到了更准确的结论。VaR 是指在正常情况的持有期内，在一定的概率置信区间内，在资产投资组合因风险可能发生的最大损失估计值，也就是 $P(\Delta V_t < VaR_t | I_{t-1}) = \alpha$，通俗地讲，就是指某资产投资组合在通常情况下，有置信水平 $(1-\alpha)\%$ 的信心在一定持有期内，亏损不超过 VaR_t 元。

接下来我们通过 VaR 对风险进行度量，因为资产价格泡沫的增大，必然会使得风险也存在着累积效应，如果设资产初始价格为 P_0，持有期为 T，而收益率 $r_m \sim N(\mu, \sigma_p^2)$，在置信水平 $1 - \alpha$ 下，有：

$$VaR_0 = P_0 z_\alpha \sigma_p \tag{5-7}$$

其中，z_α 为标准正态分布的 α 分位数，σ_p 为持有期 T 内价格变动的标准差。在资产经过 t 轮换手之后，在持有期 T 内，价格变为 P_t，累计收益率为：

$$1 + r_t = (1 + c)^{t-1}(1 + r_m)^t$$

则第 t 轮投资者持有资产的 VaR_t 为：

$$P(P_0 r_t < VaR_t) = \alpha \tag{5-8}$$

即：

$$P\left(r_m < \left(\frac{VaR_t}{P_0} + 1\right)^{\frac{1}{t}} \cdot \frac{1}{1 + \alpha} - 1\right) = \alpha \tag{5-9}$$

由于 $r_m \sim N(\mu, \sigma_p^2)$，则有：

$$\left(\frac{VaR_t}{P_0} + 1\right)^{\frac{1}{t}} \cdot \frac{1}{1 + \alpha} - 1 = z_\alpha \sigma_p \tag{5-10}$$

由此可得：

$$VaR_t = P_0\left\{(z_\alpha \sigma_p + 1)^t (1 + c)^{t-1} - 1\right\} \tag{5-11}$$

从（5-11）式可以看到，资产经过 t 轮换手以后，在持有期 T 内，如果与初始阶段对比，在交易成本系数 c 不变的情形下，VaR_t 存在着累积效应，并且根据（5-11）式，这种风险的累积效应主要取决于两个因素的影响，一是换手次数 t，二是初始购买价格 P_0，两个因素均与 VaR 呈正相关关系。也就是说，如果换手次数 t 越多，那么累积风险越大；同样，初始阶段购买价格 P_0 如果越高，那么累积的风险也越大。

5.1.3　结构性资产泡沫产生的主要影响因素

在第3章中，对传统的货币数量方程进行扩展，得到了新的货币数量方程（3-3）式：$MV = PY + \sum R_i K_i$，从宏观结构上对资产泡沫进行了探讨，实际上资产泡沫或通货膨胀都是一种货币现象，是随着资金的过多流入，过多的货币去购买较少的资产的结果。货币超额供给是产生通货膨胀或资产泡沫的客观条件，但从对（3-3）式的变形后得到的 $\pi = \dfrac{m - \sum \beta_i (k_i + r_i)}{1 - \sum \beta_i}$ 又知，货币超发促使资产泡沫产生，但并不一定会引发结构性资产泡沫，只能算它的一个必要条件。而货币在两个部门之间的分配是否合理，也就是货币结构是否均衡是很重要的一个前提条件，对于宏观结构性资产泡沫的产生的原因我们在前面都做了很详细的探讨，在这一节继续对资产市场内部的资产价格泡沫进行分析。首先还是将整个经济体系分成两个部门，实体部门和虚拟部门，使用简化以后的扩展的货币数量方程：

$$MV = PY + RK \tag{5-12}$$

其中，M 为货币供给总量，V 为货币流通速度，P 为产品市场平均价格，Y 为国民总产出，R 为总的独立的资产交易平均价格，K 为当期独立交易的资产总量，通过对（5-12）式进行处理后可以得到：

$$m + v = \alpha(y + \pi) + \beta(k + r) \tag{5-13}$$

其中，记 $m = \dfrac{dM}{M}$，m 为货币供给增长率；$v = \dfrac{dV}{V}$，v 为货币流通速度增长率；$y = \dfrac{dY}{Y}$，y 为经济增长率；$\pi = \dfrac{dP}{P}$，π 为通货膨胀率；$r = \dfrac{dR}{R}$，r 为资产平均收益率；$k = \dfrac{dK}{K}$，k 为资产独立交易规模增长率；令 $\alpha = \dfrac{PY}{MV}$，α 为实体经济占整体经济的比重；$\beta = \dfrac{RK}{MV}$，$\alpha = 1 -$

β，β为资产市场占整体经济的比重；$\gamma = \dfrac{RK}{PY}$，是衡量资产市场与实体经济的量化之比。

如果设货币流通速度不变，由（5-13）式得：

$$r = \frac{m}{1-\alpha} - \frac{\alpha}{1-\alpha}(\pi + y) - k \qquad\qquad (5-14)$$

从（5-14）式可以很明显地看到资产市场的资产平均收益率，与货币供给的分配结构α：β有关，并且与m呈正比例关系，而与π、y、k呈反向变动。

当投资者在实体部门与资产市场进行有效的套利时，$r = \pi + y$，将该式代入（5-14）式，那么要达到货币结构合理、供给均衡，则必须满足：

$$m = r + (1 - \alpha)k \qquad\qquad (5-15)$$

综合以上所述：

当 $r < m - (1 - \alpha)k$ 时，有 $r < \pi + y$，这时候资产平均收益率偏低，不存在资产泡沫；

当 $r > m - (1 - \alpha)k$ 时，有 $r > \pi + y$，这时候资产平均收益率高于通胀与经济增长率之和，一定存在着资产泡沫。

也就是说通过这种简化的扩展货币数量方程进行分析，得到形成宏观结构性资产泡沫的影响因素与在第4章中分析的是一样的，包括以下几个方面：两市场之间的货币供给结构α：β，货币供给是否超额，即货币供给增长率m，货币供给增长率与市场对货币资金的吸引力导致的资金流动方向。可以看出，当α越小，也就是实体市场的资金流入比例越小时，货币供给增长率则相对变大，这时候流向资产市场的资金比例 $\beta = 1 - \alpha$ 越大，产生结构性资产泡沫的可能性就越大了。

　　宏观结构性资产泡沫的产生过程对研究资产市场内部的资产泡沫有了很好的启示，就是在这种"二元经济"结构情况下，无论货币是否存在超额供给，都有产生资产泡沫的可能性。下面通过在第3章里提到过的方程进行理论分析，设 M_1、M_2 为两个市场的货币流入量，M_1 包括产品市场中的交易成本和储蓄形式存在的货币量，M_2 包括资产市场的交易成本和资产市场中以股票、房地产、债券等形式存在的货币量，V_1、V_2 为两个市场交易的货币流通速度。根据扩展的货币数量方程有：

$$MV = PY + RK = M_1V_1 + M_2V_2, \quad M = M_1 + M_2$$
$$M_1V_1 = PY, \quad M_2V_2 = RK$$

　　继续假设资产市场由n类资产组成，$R_i'(i = 1, 2, 3, \cdots, n)$ 为第i个资产交易的平均价格，$K_i'(i = 1, 2, 3, \cdots, n)$ 为第i个资产独立于实体经济的交易量，则 $M_2V_2 = RK$，变成 $M_2V_2 = \sum R_i'K_i'$，对它进行数学处理后得到：

$$m_2 + v_2 = \sum (r_i' + k_i')$$
$$m_2 = \sum (r_i' + k_i') \quad v_2 = 0 \tag{5-16}$$
$$r_i' = m_2 - \sum_{j \neq i} (r_j' + k_j') - k_i'$$

　　根据（5-16）式，第i个资产交易的平均价格增长率在货币供给增长率一定的情况下，只与内部的其他资产产品的价格增长率和资产规模增长率有关，并且是反向变化关系，这也实质说明了，如果资金外流入其他资产产品，必然会使得该种产品的价格下降，反过来，如果其他资产产品的价格下降，那第i种资产产品的价格就会上涨，会导致资产价格泡沫产生的可能性加大。

　　设 $r = \sum \omega_i r_i$、$k = \sum \omega_i k_i$，其中，r_i 为第i种资产的期望收益率，ω_i 为资产市场中第i种资产占所有资产的比重，k_i 为第i种资产新增规

模增长率, 代入 (5-15) 式便有:

$$m = \sum \omega_i r_i + (1 - \alpha) \sum \omega_i k_i$$

结合 (5-16) 式与上式可知, 如果要产生资产泡沫, 并不一定是在满足 $r > m - (1 - \alpha)k$ 的条件下, 就算总体上有 $r \leq m - (1 - \alpha)k$, 但是如果资产市场中还是存在某个资产产品 i, 当它满足 $r_i > m_2 - (1 - \alpha)\omega_i k_i$ 的条件时, 那么则第 i 种资产就会产生资产泡沫。所以, 综合以上所述, 影响资产泡沫产生的主要经济变量除了之前所述的宏观结构变量以外, 还有资产市场内部的资产产品之间的资金流向的结构性因素, 并且是关键因素, 当资金的流动方向持续向资产市场中的同一资产 ω_i 流入时, 就会引发资产市场内部的结构性资产泡沫。

宏观结构性资产泡沫和资产市场内部的结构性资产泡沫的产生都具有同样的决定因素, 那就是资金的流动方向。在前面章节已经分析了资金流向的驱动因素是收益率与风险构成的吸引力因子, 所以在资产市场内部也同样适用。资金的本质是追求增值, 在风险一定的情况下, 哪个资产产品的收益率高, 资金就会流向哪个资产产品, 实际上就是看哪个产品具有"赚钱效应", 那怎么样才能知道资产具有赚钱效应呢?

根据之前我们对收益率与风险的判断, 一般如果将资产的预期收益率和风险与无风险资产进行对比, 风险资产的收益率大于无风险资产, 至于大于的程度是多少, 可以通过对风险资产的投资组合的有效边界进行分析。李腊生 (2010) 指出公平的替代效应是一条关于预期收益率、风险权衡的双曲线函数, 即:

$$\frac{\sigma_{m_i}^2}{A} - \frac{(r_{m_i} + B)^2}{D} = 1 \quad A, \ D > 0 \tag{5-17}$$

其中, r_{m_i} 为第 i 种资产产品的期望收益率, σ_{m_i} 为第 i 种资产产品的标准差或风险, A、D、B 为第 i 种资产产品的有效边界曲线的参数。

对（5-17）式中求 r_{m_i} 的导数后可得：

$$r_{m_i} = -B + \frac{D}{A}\frac{d\sigma_{m_i}}{dr_{m_i}}\sigma_{m_i} \tag{5-18}$$

$$\sigma_{m_i} = \frac{A(r_{m_i} + B)}{D} \Big/ \frac{d\sigma_{m_i}}{dr_{m_i}} \tag{5-19}$$

（5-18）式或（5-19）式为 r_{m_i} 与 σ_{m_i} 的公平替代关系，在对资产进行选择投资的过程中，根据边际的定义，如果某类资产产品能给投资者多赚取一单位的预期收益率，那么就需要额外承担 $A/D\dfrac{d\sigma_{m_i}}{dr_{m_i}}$ 单位的风险，如果不满足该条件，则 r_{m_i} 与 σ_{m_i} 的公平替代关系就不成立。也就是说，当某类资产产品能给投资者多带来一单位的预期收益率，它实际额外承担的风险小于 $A/D\dfrac{d\sigma_{m_i}}{dr_{m_i}}$ 单位时，则第 i 种资产产品具有赚钱效应；当某类资产能给投资者多带来一单位的预期收益率，其实际额外承担的风险大于 $A/D\dfrac{d\sigma_{m_i}}{dr_{m_i}}$ 单位时，就说明第 i 种资产不但没有赚钱效应，而且还存在亏损效应。

由此可知，决定资产 i 是否有赚钱效应的主要因素包括无风险利率 r_f、第 i 种资产市场的预期收益率 r_{m_i}、第 i 种资产市场的风险 σ_{m_i} 以及该市场的运行环境 A、D。

综上所述，可将影响资产泡沫形成的主要经济变量概括为：产品市场与资产市场结构变量 α、货币供给增长率 m、各类资产的期望收益率 r_i、各类资产的市场风险 σ_i、各类资产占全部资产的比重 ω_i、各类资产新增规模扩张率 k_i、无风险利率 r_f，以及各类资产市场的运行环境 A、D。在这些主要经济变量中，m 和 r_f 由货币政策决定，可被视为外生变量；s、ω_i 和 k_i 为结构性变量，由经济发展水平、资产市场产业发展政策以及投资者资产选择偏好和风险偏好决定；r_i和σ_i完全是投资者行为选择的结果，其在结构性资产泡沫的研究中自然可视为内生变量；A、D由资产属性、投资者构成、税收政策、交易制度、交易手段、交易规则等因素决定，其可最终归结为各类资产市场的交易成本c_i，通常将其设定为控制变量。

5.2 结构性资产泡沫的统计监测

5.2.1 统计监测模型介绍

从历史文献来看，关于资产市场泡沫的统计监测与预警已经有了很多，但大部分都是对特定的某资产进行监测，比如房地产市场或股票市场，缺少对于结构性资产泡沫的研究。不过我们也可以借鉴对各个市场的泡沫监测研究，然后对它进行扩展或改进，关于资产市场泡沫的监测与预警从文献综述上来看主要包含两类方法。一种方法是指标体系监测法，它又包含预警扩散指数法和功效系数法，分别计算景气指数和综合预警指数，不同的学者对不同的方法均有研究。对于指标体系监测法，优缺点都很明显，优点就是如果指标很单一，那在观测和关系处理上就很简单，不用考虑复杂因素，可以得到比较准确的监测结果并进行预警。另外，各个指标之间不用建立或推导出严格的数学关系，能直接进行应用。但缺点也是这个，因为在现实经济社会中，各种经济现象相互联系，国家的经济政策时刻在发生变化，各种经济变量相互影响，最主要是投资人主体的心理变化导致决策的千变万化，投资者之间的异质性无疑使得问题变得更加难以监测，当遇到这样的情况的时候，指标体系方法就不再有效了，也难以得到很准确的监测结果。为了解决这个问题，学者都会去用指标体系综合评价监测的方法，但对结果的影响还是存在，因为对结果的评价和判断出现了不一致的现象，由于指标之间没有很好的理论基础和逻辑推导，有很大的主观性，指标所占的权重的计算也没有用明确的方法给出。二是统计模型监测法，这个方法被现代的很多经济学者采用，他们大量利用统计计量中的各种模型，包含 ARCH、VAR、LOGIT、TRA、STV 横截面回归模型、人工智能神经网络模型等，这种方法从目前来看，似乎解决了指标体系存在的缺点。在两种方法的选择上，从之前的文献来看，大部分房地产泡沫的监测与预警采用指标体系法，而股票市场的泡沫研究主要采用的是以统计和计量模型为主的统计模型监测法，接下来对这种两类型的方法进行详细的介绍。

对于指标体系法，它可以用单一的指标来进行监测与评价，也可以通过多指标来衡量，一般用在房地产泡沫的监测中，主要分成三个步骤：①指标的选取；②对选取的各项指标的评价标准制定；③进行泡沫系数的构成与监测。而指标体系法又根据指标选择的特征分成了各种方法，上面已有所叙述。这些方法的不同在于对各种指标选择的不同，但解释和预测泡沫危机的大部分指标差别都不太大，都是以实际数据为对象，进行分析预测，这里不进行赘述。

对于统计模型监测法，一般用于金融市场泡沫的监测与预警，它的框架主要以金融市场的实际数据为依据进行统计变量的构造，再结合计量经济学中的模型与经济学中的理论，选择相关的经济变量或表达式进行预警判断，通过对构造变量的识别，考察"危机"在一定范围内的变化情况，从而得到具体的监测和预警模型与结论。对于统计模型监测的方法有几个比较经典的模型，主要有 STV 横截面回归模型（Sachs、Tornell 和 Velasco（1996））、Logit/Probit model（Frankel 和 Rose（1996））、KLR 模型（Kaminsky、Lizondo 和 Reinhart（1999）），在这里进行详细的介绍。

（1）STV横截面回归模型

Sachs、Tornell和Velasco在1996构建了STV预警模型，以面板数据为对象，建立线性回归模型，它主要是预测全球的金融事件会涉及哪些国家，并不能反应危机发生的时间。Sachs依据20个新兴国家市场的截面数据进行模型的建立，被解释变量称为货币危机指数，记作IC，通过对储备的减少百分比、银行汇率降低（贬值）百分比两个因素的加权和进行相关定义，得到他们的横截面数据后，再进行模型的估计与检验。最后得到监测一个国家的经济发生货币危机的相关指标，包含有实际汇率降低程度、贷款资金的增长率、国际储备情况与广义货币供给量的比例等三个指标。另外根据国际储备与广义货币供给的比例结果确定了两个虚拟变量D_1、D_2，其中，D_1是指国际储备与广义货币供给量的比例值，当位于低四分位时，取$D_1 = 1$，其他情况时取$D_1 = 0$；D_2是指实际汇率降低的程度，当位于低四分位，或国内私人信用贷款的增长率为高四分位时，取$D_2 = 1$，其他情况时取$D_2 = 0$。通过以上描述，我们知道线性回归模型的基本结构为：解释变量包含实际汇率降低程度、私人信用贷款的增长率、实际汇率降低程度和私人信用贷款与虚拟变量D_1、D_2的乘积的两两组合而成的四个变量，最后加上常数项，总共是七个变量，通过这七个变量对货币危机指数IC进行解释，模型如下：

$$IC = \alpha_1 + \alpha_2 RED + \alpha_3 PCG + \alpha_4 RED \cdot D_1 + \alpha_5 PCG \cdot D_1 + \alpha_6 RED \cdot D_2 + \alpha_7 PCG \cdot D_2$$

通过模型得到的结论为：在实际汇率被高估、外汇储备水平很低的情况下，国家银行体系比较脆弱，整个经济体系就会受到严重的攻击。Sachs等通过该模型对1998年20个新兴国家市场的面板数据进行实证研究。检验结果显示，在对这些国家1997年的预测中，巴西与阿根廷的预测结果与实际结果出入不大，对泰国和马来西亚在1997

年亚洲金融危机发生情况的预测基本符合实际情况，不过对印度和韩国的预测出现了较大的偏差。

关于STV模型的介绍与应用在近些年也出现较多，它有比较明显的优缺点，优点方面有：第一，因变量的选取相对比较容易，模型也是简单的线性回归模型；第二，因为使用的是面板数据，所以可以进行国与国之间预测比较，而其他模型却没有考虑这点不足；第三，模型主要预测的是国家发生金融货币危机的可能性，当然这种危机发生的时间点却无法预知。缺点方面有：第一，模型对国与国之间的相似度要求比较高，这样便于在国家之间进行对比，但情况相似的国家是很难选取的，比如我国情况相似的国家就很难找到，也就是说这种模型在应用的普及性上有很大限制；第二，对于经济情况的预测在现代的发展中来看是很复杂的，但STV对变量的选择却比较少，只有实际汇率降低程度、私人信贷的增长率等两三个变量，但实际上影响因素有很多；第三，变量过多以后，那模型是否还是线性关系也不再确定，所以只是用线性来进行分析不一定准确，很多情况都是非线性的；第四，货币危机指数的相关定义不够准确，只是通过国际储备与汇率降低程度进行加权，这些对银行、外债、货币等危机的考虑得到的指数过于简单化，没有代表性；第五，只能预测国家的金融危机是否有发生的可能性，由哪些因素影响，但对危机的时间就无法做出预测，但人们其实最想知道的是这个时间范围。

（2）FR（logit/probit）模型

Frankel和Rose（1996）利用二点分布概率模型，以105个国家在1991—1992年的季度数据为研究对象，建立了金融危机预警的模型，称为FR回归模型，也叫Logit模型，显然因为是以二点分布为基础，所以金融事件必然是假设离散的，即是可数和有限个的，在综合了多因素后引发金融危机。因变量Y表示金融危机，Y = 1表示危机发生，

Y = 0表示危机没有发生。自变量x_i表示导致金融危机产生的多个因素，q表示自变量x_i的参数向量，可以利用自变量x_i的联合分布函数$F(x_1, x_2 \cdots x_n)$来求金融危机产生的概率大小，根据之前的离散金融事件的假设，可以表示金融危机预警模型为：

$$P(Y = 1) = F(x_i, q) \qquad P(Y = 0) = 1 - F(x_i, q)$$

设样本个数为n，样本时间为t = 1，2，3…T，有：

$$P(i, t) = \begin{cases} 1 & \text{在第i国的t时刻发生金融危机} \\ 0 & \text{在第i国的t时刻没有发生金融危机} \end{cases}$$

通过对回归模型取自然对数，然后根据最大似然估计进行q的估计值的求解，最后再得出P(i, t)的估计值。

通过模型的分析结果，Frankel和Rose认为导致金融危机的因素x_i主要包含以下几个方面：国际储备、经济开放程度、GDP增长率、国内信用贷款增长率、国外利率、实际汇率高估程度、经常项目/GDP、政府预算/CDP、国外债务总额等等。在实证分析过程中，首先利用最大似然估计对参数q进行求解，再将当时得到的导致金融危机产生的因素的值，代入到模型中，得到金融危机发生的概率值。将金融危机发生的区间定义为：货币相比去年至少贬值10%，当年货币贬值至少达到25%。从对105个国家的实证分析的结果来看，金融危机发生可能性与经济增长率、外国商人直接投资和外国债务的比例、外汇储备等呈反向比例关系，而与国内信用贷款、国际利率、实际汇率等呈正向比例关系。

对于FR模型来说，它的优点主要有以下几点：第一，由于它是以两点分布概率模型为基础，所以得到的预警模型只用简单的计算就可以得到相关的危机发生的概率；第二，在模型中，考虑的因素很多，主要是考虑了所有变量的综合影响能力，但对单个因素对预警结果的影响程度有多大，并不能得到很好体现；第三，预测到危机发生的爆发点为市场从稳定情况走向泡沫产生的分叉点，这时候对预警预测的变量在这个阈值以后不再有效，也就是变量的持续性不强，根据系统的稳定性不同，我们可以得到外推性是否有效和可靠，如果稳定，则外推性有效，但是如果不稳定，或者进化到临近阈值点处时，无论数据对现象拟合如何，则外推性都不可靠。而非线性两点分布概率可以更好地识别预警的变量超出分叉点的影响程度。

它的缺点主要有以下几点：第一，参数的双重估计使得数据信息重复使用，使误差放大，必然会影响该模型结果的准确性；第二，对金融危机的定义中，没有考虑国与国之间的区间或差异性，有两个方面，一是对货币危机发生与否的定义没有考虑这点，二是对国家之间的影响变量因素、数据方面没有进行区分；第三，样本数据的选取不够，因为年度数据或季度数据并不太多，在大数定律的使用中不能达到要求，限制模型的准确性。

关于 FR 模型的评述有很多，Berg 和 Pattillo（1998）曾对模型检验的结果进行评估，发现通过 FR 模型对1997年的泰国危机预测的结果只有不到10%，对南美的阿根廷和巴西、墨西哥等国的预测结果分别是8%、18%、15%，显然这与实际结果相去甚远，这也说明这个模型的在准确性上有待加强。Bussiere 和 Fratzscher（2002）认为该模型没有严格区分金融危机发生前的潜伏期（诱发期）和发生后的恢复期，这是它不够准确的原因，因为两段时间的金融危机预测变量有很大的不同。为了解决这一问题，他们提出了三元变量模型进行金融危机的监测与预警，定义汇率市场的压力指数与其均值的偏离程度为金融危机，如果超过两个标准差则形成危机，在对20个国家8年的月度数据进行分析后，得出以20%为临界值，如果在样本内进行预测可以得到亚洲金融危机73%的准确性，有85%的稳定期，如果在样本外进行预测，可以达到57%的准确性和83%的稳定期。

（3）KLR模型

KLR模型是Kaminsky、Lizondo和Reinhart在1998年提出的，也称为"信号法"，在1999年Kaminsky继续对它进行了完善，弥补了在预警金融危机方面的缺陷，这个模型也是在这些模型中应用最广泛的模型之一。它主要将预测分成了两步进行：第一步，通过金融危机产生的原因来选取进行金融危机预警的变量指标；第二步，通过对数据的统计分析，确定金融危机发生的显著变量，以这些变量作为主要的模型构建指标，计算对危机预测的阈值，通过对国家经济的阈值的判断，从而得到金融危机发生的信号。

KLR模型的详细预警过程，通过下面叙述进行解释。当我们选定国家的金融危机预警的变量指标后，再通过这些变量结合选取的历史样本的数据，进行危机发生的阈值的计算与确定，如果在预测过程中发生某变量的均值偏离阈值，则将进行预警信号的发送；显然如果多个变量指标的阈值都有所偏离，则预警信号发出来的越多，这时候国家发生金融危机的概率越大。作者将变量预测能力的信号的时间周期确定在危机发生前的24个月，如果在信号显示24个月内发生金融危机，那这个信号则被认为是一个相对准确的信号，反之，如果在24个月以内没有出现金融危机的情况，那就是一个错误的信号或不准确的信号或噪声信号。称坏信号的比重与好信号的比重的比值为噪声信号比例，那就可以将最小噪声信号比例定义为金融危机阈值。对于金融危机阈值的确定是一个预警模型的关键所在，如果阈值太小，则对错误信号的发出将会增多，那么对比较小的危机可能预测不到，但如果是很严重的危机，则可以预测到；如果阈值太大，那这时候模型对任何小的波动信号都会有所预警，这样就会导致"撒大网抓小鱼"，这样有可能使无论是危机存在还是不存在的情况都被预警，形成大量的错误信号。

KLR模型的优点有以下几点：第一，也是最重要的一点，该模型可以揭示金融危机发生的根本原因，国家政府可以通过对这些因素的控制与监测，采取积极的预防措施，从而避免一些危机的发生；第二，模型给出了预测金融危机的变量体系，以及通过计算得到的能发出信号的阈值。模型的缺点有：第一，在计算金融危机发生的概率上不够准确，Berg和Pattillo（1998）利用该模型进行预测，但发现有68%的危机发生之前并没有提前发出相关信号，发送的一些信号又都是错误的，他们对模型中的变量进行改进，在增加了流动账户余额与GDP之比、广义货币供给量与外汇储备之比两个变量指标后，预测结果有了明显改善，不过总体来说还是不太理想；第二，通过对样本分析后得到的临界值准确性不够，如果利用危机之后的未来数据对过去发生的危机进行预测，根本发现不了这个危机，因为危机产生的临界值，主要是通过对样本的标准差进行制定，但如果现在的新的危机的信号仍然是以前老的危机的信号就无法识别，Edison（2003）就曾用这个方法进行分析，他取了马来西亚1999年以后的样本数据计算临界值，然后利用KLR模型对1999年以前的数据进行危机识别，但是却没有发现这之前的5次的危机信号，危机消失，只发现在程度上最大的1997年的危机；第三，KLR模型还制定了一个标准，就是"相斥窗口（exclusion window）"，如果发现一个新的危机发生在旧的危机"相斥窗口"以内，那这个新的危机将会被忽略，对"排斥窗口"制定的目的是避免把同一个危机因为时间的持续识别成另外一次新的危机，因为这样导致很多危机内的新生信息都被忽略，从而在危机产生因素的分析上有所欠缺，再就是"相斥窗口"是人为主观制定的，这时候有可能产生序列相关性；第四，很多解释变量是复合而成的，在模型中被转换成了二元信号，使得它自身的动态性产生的新的有用信息被抛弃。

（4）其他模型

近些年来，随着统计学与数量经济学的快速发展，关于金融风险的监测与预警的研究越来越多，模型被不断创新和改进，上面我们介绍的三种模型都各自有优点，但缺点也很明显。很多学者在这些模型的基础上进行完善，从而弥补它们的缺陷，例如马尔科夫区制转移法（Markov-Switching Approach）、ARCH、VaR和压力测试法、人工神经网络模型、Fisher判别法等等。

①马尔科夫区制转移法（Markov-Switching Approach）

马尔科夫区制转移方法在很早就被提出，是在实证方面经常被用到的一个工具，这种模型对很多的前提假设进行简化，可以更详细地刻画出危机发生时的内生性，所以广泛地应用于金融危机监测与预警模型的建立。Fratzscher（1999）利用区制转移模型对制定的多重均衡的金融危机模型进行了相互转化过程的详细描述；Cerra和Saxena（2002）利用该模型对马来西亚的金融危机进行研究，得出危机产生的根源为国内经济因素、季节因素、邻国因素等；张伟（2004）通过区制转移方法对包括中国在内的12个国家进行比较研究，发现该模型可以比较准确地对金融危机发生的可能性进行预测。这个模型还可以弥补KLR模型和Logit模型的一些缺陷，当然它也有一些缺点：第一，对计算能力方面的要求比较高，因为是含有时变转移概率的马尔科夫模型，不过随着现代电脑技术能力的进步，很多的学者都相互公开他们的程序编码；第二，对"不转移作为零假设"的前提假设的检验难以达到；第三，似然面（likelihood surface）的解有多个，而且这些最优解的表现不是太好，t检验对因为大量的微分计算而产生的步骤过程反应敏感。

②人工神经网络模型

人工神经网络（Artificial Neural Network），记作ANN，在近些年中，它是发展最为迅速的人工智能，主要模拟生物的神经网络的运作模式，通过网络单元的输出与输入进行特征的激活，神经元的连接方式为网络拓扑结构，它们一起决定了人工网络神经的信息处理功能，人工神经网络通过对一系列的案例进行输入，然后再将理论或理想型的结果进行输出，这个结果就是一个"样本答案"，这样人工神经网络就可以得到大量"样本答案"的基本原理，那么在对其他问题进行求解的时候，就可以通过"样本答案"找到相似的问题与解。Nag和Mitra（1999）利用人工神经网络建立了金融危机的预警系统，选取了印度、马来西亚、泰国在1980到1998年之间的月度数据，进行实证分析，得到了比较准确的结果。在与KLR模型等信号法进行相互对比以后，发现一些结论：利用KLR模型对每个国家使用16个指标变量进行分析，这些指标在不同的国家进行危机预测时发挥的作用显著不同，并且认为货币的价值高估并没有显著影响；而利用人工神经网络模型对不同国家进行估计，这个模型也是有区别的，比如隐藏层和隐藏神经的数量不同，或者遗传算法的参数的不同，或者使用的转化函数不同，在允许的一年左右的滞后期的范围内，很多的变量出现在模型当中，马来西亚有多达23个指标变量，印度有13个指标变量，在他们样本外检验的结果中得到了很高的预测概率，对爆发危机的可能性的预测能力达到了80%。

人工神经网络（ANN）具有相对灵活的准则，对变量之间的简单或复杂的关系也能很好地进行挖掘，另外对非线性的动态性函数的处理，也能通过对样本案例的训练后，得到较准确的金融危机预警模型，使得人为主观性因素和一些随机性上的模糊处理得到改善，提高了预测的准确性。此外其自身是一个不断完善、不断学习的模型，可以进行样本的补充，将历史数据与经验和新吸引的数据和现象进行结合，再得到稳定的系统。最后，ANN还有很好的容错能力，通过选取函数与数据来处理各种非数值性的变量，这样就可以对系统的安全状态进行模糊的评价。当然，ANN也有它的缺点，对运算能力的要求太高，大量的变量与神经层次的数据，要进行过度的拟合，比其他模型方法要复杂得多；还有一个就是它的黑箱属性，虽然它可以处理变量之间的复杂关系，但却不能确定这些指标是否正常，是否是该指标起到了预测的主要作用。

③ARCH模型、Fishe判别法、VaR和压力测试法

自回归条件风险模型（autoregressive conditional hazard）是时间序列中对波动性的检测模型，Zhang（2001）提出利用ARCH进行金融危机预警，在他的实证结果中得出，传统的模型对泰国1997年的危机预测根本起不了作用，而这个模型却能进行很好的识别，通过对亚洲国家的数据的研究，得出该模型具有较好的预测能力。

Fishe判别法在2000年被Burkart和Coudert使用来分析金融危机，这个方法的目的是在预测变量的信息基础上对一些独立的变量进行归类，使得变量为给定的状态标准中的一个。分析的原则是状态标准是否与变量的均值一样，然后通过变量进行危机状态的预测，这个方法也有较好的准确性，可以达到80%。

而VaR（value at risk）是指在险价值，这个方法最初被用来进行风险的度量，在1998年被Blejer和Schumacher用来分析银行的清偿力和风险敞口。通过给定置信水平来得到资产在一定时间内的最大损失值，无论是单个资产，还是资产组合，或是金融机构，都可以通过它来进行风险的计算，将风险的概念数字化。压力测试在2001年被Blaschke、Jones等学者应用在金融市场，它是由银行发起的，主要是对金融市场的风险进行详细的评估，从而制定相应的政策对国家的金

融体系进行强化与完善。

(5) 结构性资产泡沫监测与预警方法的适用性总结

对泡沫的预警与监测的方法主要有两种类型，一种是指标体系监测法，一种是统计模型监测法。对于前一个，在章节开头对它的适用性作了比较详细的研究，这个方法比较直观，需要的数据也不多，不需要太复杂的推导，在指标变量之间不用构建复杂的数学关系式，可以将多个变量进行综合，得到一个指标变量形式，也不需要像统计模型监测法中那样去对各个指标变量进行显著性检验、变量之间的自相关检验等等，不过正因为这些因素也使得它在预警准确性上不太高，主观性很强，在指标变量的综合方法上也不太严格，权重的分配不准确，该方法在很多房地产泡沫的研究上用得比较多。

而统计模型监测法，相对于指标体系监测法就更严格，在准确性和说服力上也更好，而且方法多样，学者可以根据所研究的领域进行模型的选择，甚至进行改善，以便更适应自己所研究的领域，并且克服了指标体系监测法当中的很多缺陷，所以在接下来的预警方法的选择上，选择统计模型监测的方法来进行我国结构性资产泡沫的模型构建。

5.2.2　结构性资产泡沫的统计监测模型

在 1990 年以前，很多国家都发生了一系列的金融危机，这些危机大部分都比较单一，例如在 20 世纪 60 年代的英镑危机，80 年代的美国银行危机等等，像日本 80 年代以后的房地产泡沫与股票泡沫相结合的很少。而在 1990 年以后，很多的金融危机表现为混合型的危机，例如货币危机、银行危机、资产泡沫危机等混合在一起或者相继发生，时间间隔短，例如亚洲金融危机就包括了货币危机、银行危机、股票市场暴跌等等。2007 年美国的次贷危机从银行危机到资产市场泡沫，最终引发了整个经济体系的退化。像这样多种类型的危机综合在一起或相继发生的情况越来越多，说明各个金融市场之间的相互联系越来越紧密，金融衍生品的丰富性使得资产过度虚拟化，从而加强了这些危机产生时的关联，并有很大的传染性，这种动态性的感染让整个金融体系"牵一发而动全身"，实质上，这就是我们所要研究的结构性资产泡沫。

上面介绍了很多著名的金融危机的统计模型预警方法，首先通过不同的方法进行危机期的确定，因为方法的不同导致结果差异性很大，实际上就是事先确定一个阈值，然后通过模型得到的实际结果与阈值进行比较，如果实际值大于阈值，那就会发出预警信号。但是阈值的确定总是包含了很多的人为因素在里面，比如历史信息（认为历史会重演）、对当前局势的主观判断。这样得到的阈值必然在准确性上有待商榷，有些危机信号可能并不存在或者有些危机信号却检测不到，那为了解决这个缺陷，一些学者对阈值进行扩大，也就是将范围扩大，提出"相斥窗口（exclusion window）"，但是问题是这个窗口的宽度的标准比较随意，窗口宽度的不同必然就会导致检测结果的差异（Eichengreen，1996；Aziz，2000），本书将尽量弥补这些缺陷。

对我国资产市场的结构性资产泡沫的监测与预警的目的是让我国的相关部门提前制定相应的预防措施，在做好预防的前提下，又能在泡沫产生后避免恶化，适当减轻泡沫程度，最好的效果当然是避免泡沫的破灭。实际上，资产泡沫的产生在现代经济中已经是见怪不怪的事了，在前面分析过泡沫由两部分组成——理性和非理性泡沫。如果是理性泡沫，那可以认为是正常现象，所以在我国存在货币供给超额的情况下，资产泡沫的产生必然存在，但并不是充分条件，那就是说资产泡沫的程度会因条件的不同而不同，可以对泡沫的程度进行状况的设置。根据现代经济组成的结构变化，对货币数量方程进行扩展后，再通过对资金流向的分析，得到资金流动的驱动因素，构建资产引力模型：$F_i = \dfrac{r_i r_f}{\sigma_i^2}$，如果市场之间的资金吸引力相等，即 $F_i = F_j$（i，j = 1，2，3…，n），那么货币供给的结构保持均衡状态，不过这种均衡状态很难得到满足，因为资金具有追求增值的本质属性，当一个市场的收益与风险配比关系更好时，该市场对资金的吸引力必然就更大。同样如果只在资产市场内部进行这种分析，资产市场内部的资产产品很多，假设有 i 种资产（i = 1，2，3…，n），这些资产显然收益大小不一样，所以对资金的吸引力也不一样，如果我们按照吸引力的大小进行排序，则有：

$$F_1 \leqslant F_2 \leqslant \cdots\cdots \leqslant F_n$$

显然，如果市场对资金的吸引力大，那流入该资产的资金也多，这时因为这种流动的不均衡，资产市场内部的货币流动均衡被打破，当某资产的货币资金流入过多时，资产内部产生"集聚效应"，也就是货币集中流入到某一资产，资产之间的供求关系发生很大变化，资产价格因为资金的不断流入，而出现一波又一波的助推性上涨，此时收益率也不断上涨，风险变大，产生了强烈的"赚钱效应"。根据行为金融学理论，从众行为的心理特征将会显现，资金进一步流入，价格继续上涨，实际上此时的价格已经出现了"叠加效应"，这时，该资产的价格泡沫也就产生了，而其他相对来说吸引力较小的资产，因为货币为了追逐更高收益的资产，资金较少流入其他资产，甚至出现大量流出的现象，被吸引力大的资产带走，该资产没有实质性的上涨变化，甚至下跌，那么，结构性的资产泡沫就形成了。

下面对这个过程进行数学理论说明，根据上一章的扩展货币数量方程：

$$MV = PY + \sum R_i K_i$$

进行数学处理后可得：

$$m + v = \alpha(y + \pi) + \sum \beta_i(r_i + k_i)$$

记 $m = \dfrac{dM}{M}$，m 为货币供给增长率；$v = \dfrac{dV}{V}$，v 为货币流通速度增长率；$y = \dfrac{dY}{Y}$，y 为经济增长率；$\pi = \dfrac{dP}{P}$，π 为通货膨胀率；$r_i = \dfrac{dR_i}{R_i}$，r_i 为第 i 种资产平均收益率；$k_i = \dfrac{dK_i}{K_i}$，k_i 为第 i 种资产独立交易规模增长率；令 $\alpha = \dfrac{PY}{MV}$，α 为实体经济对货币的吸收率；$\beta_i = \dfrac{R_i K_i}{MV}$，$\beta_i$ 为第 i 种资产独立交易对货币的吸收率。

从上式可以看到，从宏观货币结构的角度进行了结构性资产泡沫的相应数学推导，关于该式的相关解释已经在上节作了详细的叙述，这里不再赘述。接下来从资产市场内部的角度进行结构性资产泡沫的相关分析，因为这里只涉及资产市场内部的货币流动，所以假设仅考虑货币在资产市场的供给情况，另外假设货币流动速度 v = 0，那么扩展的货币数量方程就可写成：

$$MV = \sum R_i K_i$$

变形后得：

$$m = \sum \beta_i(k_i + r_i)$$

则有：

$$r_i = m/\beta_i - k_i - \sum_{j \neq i} \beta_j(k_j + r_j)/\beta_i \qquad (5\text{-}20)$$

设 m_i 为第 i 个资产市场的货币资金增长率，对于单个资产来说有：

$$m_i = r_i + k_i$$

它是吸引力 F_i 的函数，且 m_i 与 F_i 呈正向变动的单调递增关系，即 $m_i = m(F_i)$，因为 $F_1 \leqslant F_2 \leqslant \cdots\cdots \leqslant F_n$，所以有 $m_1 \leqslant m_2 \leqslant m_3 \cdots \leqslant$

m_n，代入 $m_i = r_i + k_i$ 得：

$$r_i = m(F_i) - k_i$$

当 $k_i = k_j$，即所有资产的规模保持同步增长时，有：

$$r_1 \leqslant r_2 \leqslant r_3 \cdots \leqslant r_n$$

另由（5-1）式可知，当 $k_i = k_j$ 时，有：

$$r_i = m/\beta_i - k - \sum_{j \neq i} \beta_j r_j / \beta_i (k = k_i = k_j)$$

而当 $k = k_i = k_j$ 时，则有：

$$r_1 \leqslant r_2 \leqslant r_3 \leqslant \cdots \leqslant r_{i_0} \leqslant m \leqslant r_{i_0+1} \leqslant \cdots \leqslant r_n \tag{5-21}$$

（5-21）式表明，如果所有资产的规模保持同步增长，则资产市场收益率的排序与它对货币资金吸引力的排序保持一致，且位于 i_0 后的资产市场，其收益率将不低于货币供给增长率。特殊情况下，即 $m = 0$ 的情况下，吸引力排位靠前的资产市场将出现亏损，该类资产市场整体规模将不断萎缩，也就是说，稳健的货币政策对吸引力大的资产市场的发展不会产生明显的负面影响，但它却不利于吸引力小的资产市场的发展。

当投资者在资产市场内部进行有效的套利的时候，这时有 $m = r + k$，其中 $r = \sum \beta_i r_i$，$k = \sum \beta_i k_i$，$i = 1, 2, 3 \cdots, n$，r_i 为第 i 种资产的期望收益率，β_i 为资产市场中第 i 种资产占所有资产的比重，k_i 为第 i 种资产新增规模增长率。

综合以上所得：

当 $r < m - k$ 时，这时候资产平均收益率偏低，不存在资产泡沫；

当 $r > m - k$ 时，这时候资产平均收益率高于通胀与经济增长率之和，一定存在着资产泡沫。

继续假设资产市场由 n 类资产组成，$R_i'(i = 1, 2, 3, \cdots, n)$ 为第 i 个资产交易的平均价格，$K_i'(i = 1, 2, 3, \cdots, n)$ 为第 i 个资产的

独立交易量，$MV = \sum R_i' K_i'$，对它进行数学处理后得到：

$$m + v = \sum (r_i' + k_i')$$
$$m = \sum (r_i' + k_i') \quad v = 0 \quad\quad\quad (5\text{--}22)$$
$$r_i' = m - \sum_{j \neq i} (r_j' + k_j') - k_i'$$

根据（5-22）式，第 i 个资产交易的平均价格增长率在货币供给增长率一定的情况下，只与内部的其他资产产品的价格增长率和资产规模增长率有关，并且是反向变化关系，这实质也很直接地说明了，如果资金外流入其他资产产品，必然会使得该种产品的价格下降，反过来，如果其他资产产品的价格下降，那第 i 种资产产品的价格就会上涨，会导致资产价格泡沫产生的可能性加大。

结合 $m = r + k$ 与（5-22）式可知，资产泡沫如果产生，并不一定是在满足 $r > m - k$ 的条件下，就算总体上有 $r \leq m - k$，但是如果资产市场中还是存在某个资产产品 i，当它满足 $r_i > m_2 - k_i$ 的条件时，第 i 种资产就会产生资产泡沫。所以，综合以上所述，影响资产泡沫产生的主要经济变量除了之前所述的宏观结构变量以外，还有资产市场内部的资产产品之间的资金流向的结构性因素，并且是关键因素，当该资产对资金的吸引力足够大时，资金的流动方向持续往资产市场中的同一资产 ω_i 流入，这时就会引发资产市场内部的结构性资产泡沫。

从前面分析继续探讨，根据资产引力模型的结论，得到 m_i 是吸引力 F_i 的函数，并且两者是正向变动的单调递增关系，根据资产引力模型的结论，m_i 是吸引力 F_i 的函数，并且两者是正向变动的单调递增关系，假设：

$$m_i = m(F_i) = a_0 + a_1 F_i$$

然后将此式代入到 $r = m - k$ 式中得到：

$$r_i = m(F_i) - k_i = a_0 + a_1 F_i - k_i$$

假设资产市场对货币资金的吸引力依从大到小的次序排列为自然顺序，即 $F_1 \leqslant F_2 \leqslant F_3 \leqslant \cdots \leqslant F_n$，$\bar{F} = \sum F_i/n$ 为吸引力均值，$F_{i_0} \leqslant \bar{F} \leqslant F_{i_0+1}$，则有 $m_1 \leqslant m_2 \leqslant m_3 \cdots \leqslant m_n$，$\bar{m} = \sum m_i/n$ 为流入资产市场的货币资金增长率的平均值，这种情况下，可以将 $B_i = m_i - \bar{m}$ 作为泡沫的水平性度量，有：

$$B_i = m_i - \bar{m} = a_0 + a_1 F_i - a_0 - a_1 \bar{F} = a_1(F_i - \bar{F}), \text{ 其中 } F_i = \frac{r_i r_f}{\sigma_i^2}$$

从上式可以看到，如果要计算 B_i，实质上只要把 $F_i - \bar{F}$ 计算出来就可以了。继续简化 B_i，设 $b_i = F_i - \bar{F}$，为资产 i 的最终的泡沫测度模型，依据这一模型就能构建相应的统计预警。根据资产市场产品的特点，例如股票市场，市场指数在某一时间内出现上涨，但长期来看，相对初始点而言，因为前期的下跌而并没有出现幅度很大的指数泡沫，所以有必要对资产市场的泡沫进行一个长期与短期的区分，并且通过两者的结合进行资产泡沫的监测与预警。为了分析方便，这里不妨假设被监测资产 i 的 $b_i = F_i - \bar{F}$ 服从正态分布或 t 分布，然后根据 b_i 在资产中的长期与短期的泡沫程度的不同，假设它们的初始点是相同的，短期资产泡沫以某一时间内的吸引力的情况进行计算，而长期的资产泡沫则是动态性的，初始点与短期的相同，下面对泡沫监测与预警区间信号进行划分，如表 5-1 所示。

表 5-1　　　　　　　　　　　　　长短期预警区间的信号

短期＼长期	$b_i \leqslant 2\sigma$	$2\sigma < b_i \leqslant 4\sigma$	$b_i > 4\sigma$
$b_i \leqslant 2\sigma$	（绿，绿）	（绿，黄）	（绿，红）
$2\sigma < b_i \leqslant 4\sigma$	（黄，绿）	（黄，黄）	（黄，红）
$b_i > 4\sigma$	（红，绿）	（红，黄）	（红，红）

　　绿，黄，红为预警灯，当为绿灯时，表示此时资产 i 此时为理性泡沫，属于低度风险，可以认为预警系统为安全状态，只需要一般性关注；

　　当为黄灯时，表示资产 i 存在理性泡沫和轻度的非理性泡沫，属于中度风险，需要进行适当政策干预和适度关注；

　　当为红灯时，表示资产 i 存在理性泡沫和重度的非理性泡沫，属于高度风险，必须重点关注，进行最大化的政策调控。

　　最后，再结合上表可以看到长期与短期的预警状态。

6

我国的实证分析

在前面章节中，关于结构性资产泡沫的理论分析显示，结构性资产泡沫的产生由很多因素决定，由 $m + v = \alpha(y + \pi) + \sum \beta_i(k_i + r_i)$ 可知，无论是通货膨胀还是资产泡沫，不仅与国家总的货币供给增长率、实体经济和虚拟经济的规模增长率有关，还与实体经济、虚拟经济的收益率，以及市场对货币的吸引力有关。而在以传统货币数量为理论依据的经济结构中，货币供给是决定通货膨胀的主要因素，也只有通货膨胀这种单一的货币现象。但随着经济社会结构的发展和资产的多样化，泡沫经济也出现了多样化。从前面第四章中对图像与数据的观察，可以很清晰地看到，我国股票市场在20世纪90年代成立以来，货币供给与通货膨胀之间的关系不再一一对应。在1993年，McKinnon对我国的经济现象与问题进行了研究，发现货币供给量的增长率远远超出了我国经济的增长率，但是通货膨胀却没有发生，并且在后期经济高速增长的过程中，也很好地抑制住了通货膨胀现象，而股票市场的成立更是让这种现象保持下来。超额的货币供给并没有产生通货膨胀，甚至带来了通货紧缩，所以对于传统货币数量理论所说的超额货币供给必定使得通货膨胀并不正确，宽松的货币政策与通货膨胀不成相关关系，但却产生了一种新的现象，即泡沫经济的产生，也就是资产泡沫，（3-7）式也说明了这点，就是在满足一定的条件以后，要么会产生通货膨胀，要么会产生资产泡沫。

对于我国的货币是否存在超额供给，国内外的学者都进行了很深入的研究，对它的定义并没有很清晰，总是会和其他的概念进行混淆，例如流动性过剩等等。易纲（1996）、赵东（2000）、江春（2004）、张文（2008）、李腊生（2010）等均通过相应的先验假定或方程变形认为我国存在着货币供给的超额问题。但也有一些学者，如程建胜（2004）、胡智和邱念坤（2005）、杨召举和张振国（2006）、林仲豪（2007）通过相关的研究对货币超额提出了否定或质疑。其实在之前的章节中对货币的超额问题进行了探讨，从理论方程来看，货币供给过量并不是产生结构性资产泡沫的充分条件，只能当作一个必要条件，因为从货币供给的结构来看，无论是否存在货币供给的过量问题，只要某资产对资金的吸引力足够，那么都会使得资金流入，引起价格上涨，从而产生资产泡沫。

对货币超额的研究的文献进行区分后，实际上对于是否存在超额的结论从时间和理论分析过程上可以看到不同。一般认为存在超额的结论的文献主要集中在21世纪初和20世纪末，其中的理论主要以传统的货币交易方程式为基础；而认为不存在超额货币结论的文献主要集中在21世纪以后，对货币的职能进行了更多的扩展，不再仅限于之前的交易方程中的流通职能，因为在现代经济社会体系中，货币资金越来越具有独立运行的特征，除了流通外，还有贮存、自主选择资产的职能，资产市场对货币的蓄水池功能随着经济的发展越发强大。在这种虚拟化不断加深的背景下，资产市场对整体经济的影响越来越重要，资产市场强大的吸引力使得资金的流动速度变化更快，而不像之前数据显示的那么稳定，金融衍生品不断丰富，规模也日益扩张。人们对资产市场有着极强的"钱生钱"的欲望，不仅仅是为了交易，而是希望通过投资来得到收益，使得虚拟资产在人们的总体资产中的比重更大。这样也使得货币对于职能的区别不再那么明显，哪些是进行流通的货币，哪些是贮存的货币，在一定的条件下快速地进行转化，货币将在人们对当前经济的选择性投机中进行不同职能形式的转换，这样对整个经济的产品价格也会带来更快速的冲击，比如市场中蔬菜、鸡蛋、肉类等的价格都不再是固定不变，而是经常变化。而我国仍以传统的货币交易理论为依据进行货币超额的统计，忽略了贮存性、具有了独立运动特征的货币职能，必然会导致对超额货币定义的错误判断。

所以，货币是否存在超额供给在不同时期、不同经济阶段均会有不同的结论，而货币超额供给的存在性与经济增长、通货膨胀、资产泡沫之间的关系也在不同学者之间有着不一样的研究结论，对这方面的实证检验各不相同。从当前大部分的研究来看，主要集中在货币供给与通货膨胀的关系上。在20世纪90年代，国内的很多学者通过传统货币数量理论对中国的货币供给与产品价格进行研究，得到各种各样的结论，有的认为它们之间的关系不稳定，也就是并不显著，例如靳云汇（2005）通过对M2和产品价格进行检验，认为在长时间的周期内，货币供给的增长并没有带来过度的通货膨胀。总而言之，学者对货币供给与产品价格的研究都是以研究货币供给与通货膨胀这种传统模式来进行的，以传统的货币数量方程为主，并没有像在之前章节中对传统数量方程进行扩展，而进行实证检验的结论也只能体现出这种单一的关系，无论正确与否，都不再适用于当前经济体系。

正因为如此，对于经济结构发生明显变化的现代经济体系，有必要对这种新的结构、新的相互关系进行更好的实证检验，对于忽视了现代经济结构发生变化的实证结果自然就无法得到有效的理论依据和政策制定的方向，基于这些方面，接下来对我国经济中结构性资产泡沫产生的过程、原因，以及结构性资产泡沫的监测和预警都进行详细的实证分析与检验，来得到有力的政策制定依据，希望对我国经济有实质性的帮助。

6.1　资产泡沫结构性特征的实证研究

在理论部分已经通过扩展的货币数量方程对新的经济结构进行

了论证，认为在现代新的结构下，不仅要监测通货膨胀的情况，更要监测资产泡沫的产生过程，这样就形成了结构性资产泡沫的监测。而从新的扩展方程来看，结构性资产泡沫的产生过程也不再像传统理论中那样认为货币超额供给是必要产生条件，其产生由很多因素促成，对这些因素进行合成后得到结构性资产泡沫产生的驱动因素为各资产市场对资金的吸引力的大小，当吸引力的大小不是均衡状态时，会引起资金的流动方向的变化，从而产生集聚效应，并且具有持续性，这样就会产生资产泡沫。接下来通过这个过程对我国的市场进行实证分析，看是否符合以上分析的情况，根据现代经济发展的特点，选取具有代表性的三个市场：固定资产、股票资产、房地产资产，分别对应产品市场、股票市场、房地产市场。结构性资产泡沫的实证过程分为以下三步：第一，通过理论中得到的资产引力公式对各个市场的吸引力进行计算；第二，通过吸引力的计算结果对资金的流动方向的关系进行对比分析；第三，通过GARCH模型对非均衡吸引力导致的集聚效应进行探讨，从而得到结构性资产泡沫产生的根据。

6.1.1 各资产市场吸引力的测度

我国的统计制度一直在发展变化，而不同的资产市场之间又有着不同的起步时间，发展的轨迹也不一样，所以产品市场、股票市场、房地产市场的数据都具有不同的特点。产品市场、房地产市场的数据频率不是很高，而股票市场却是高频，数据的统计时间均不一样，为了便于实证和分析，根据国家相关的数据公布情况，我们选取样本周期为1998年1月到2022年9月的数据，又因为只有相关月度数据，所以统一选取为月度数据，数据的来源主要为wind资讯金融终端和统计局网站。

我们通过对（4-8）式的变量进行提取和计算来计算资产市场对资金的吸引力，在公式 $F_i = \frac{r_i r_f}{\sigma_i}$ 中，主要是对三个变量进行计算提取。一个是市场的收益率，通过对数公式 $r_t = \ln(Y_t/Y_{t-1})$ 进行计算，三个市场中的 Y 分别用具有代表性的因素进行替代，产品市场选用名义 GDP 进行计算，股票市场以上证综合指数作为代表，房地产市场根据数据的可得性选用 70 个大中城市房地产指数；第二个是无风险利率 r_f，通过统一选取当时对应的一年的存款利率并除以 12 得到；最后是产品市场与房地产市场收益率的方差 σ^2，以年度样本计算月方差，而股票市场方差则通过月度样本计算日收益率的方差后，再乘以交易日数 t。通过这样的对应计算，我们最终得到了产品市场、股票市场和房地产市场的吸引力数据，通过下图进行变动状况的描述。

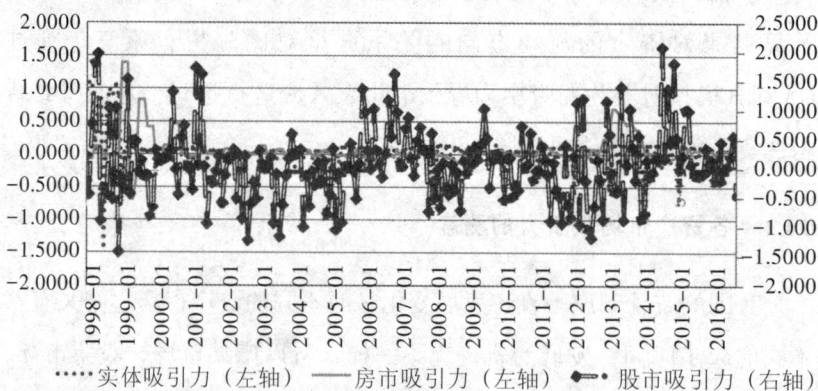

图6-1 各市场的吸引力

从图6-1的相关数据来看：（1）相比产品市场和房地产市场，股市对货币资金的吸引力序列呈现很明显的波动集聚效应，而且波动很剧烈，有明显的非对称性，这意味着股市对货币资金的吸引力的分布可能是有偏的；（2）股市的吸引力存在明显的极端情况，并且非对称，通过与股市的沪市指数的对应，可以发现当股市指数有明显上涨或下跌时，吸引力的大小也相应变化，其中正吸引力有122个，占总的54%；（3）股市对货币资金的吸引力在2001年附近、2006—2007年以及2014—2015年三个阶段表现得较为突出，而恰恰在这三个阶段，我国股票市场均产生了明显的泡沫经济，即进入新世纪伊始的"网络泡沫"、迈向全流通的"股改泡沫"和金融工具加速创新的"杠杆泡沫"，这说明用吸引力变量去揭示货币资金的流动性特征，进而去预警结构性资产泡沫可能是有效的；（4）产品市场对货币资金的吸引力除了在1998—1999年之间出现较明显的集聚效应外，在其他绝大部分时间段均呈现出很稳定的特点，这一方面说明亚洲金融危机凸显了我国产品市场稳定快速发展的相对竞争优势，另一方面也证实了我国宏观经济政策应对危机冲击的有效性；（5）房地产市场对货币资金的吸引力除了在2001年前和2013—2014年之间出现较明显的集聚效应外，在其他大部分时间段均表现得较为稳定，这一方面说明我国房地产市场不像股市具有周期性特征，另一方面也说明我国对房市的调控政策无效。

通过直观的观察可以看到以上现象，如果想更准确地了解这些数据的基本特征，可对它们进行描述性统计，结果见表6-1。

表6-1 　　　　　三个市场月吸引力的描述统计分析表

	N	极小值	极大值	均值	标准差	方差	偏度		峰度	
	统计量	统计量	统计量	统计量	统计量	统计量	统计量	标准误	统计量	标准误
实体吸引力	225	-1.4011	1.0776	0.0394	0.2530	0.064	0.704	0.162	10.306	0.323
股市吸引力	225	-1.4326	2.0785	0.0698	0.6279	0.394	0.570	0.162	0.814	0.323
房市吸引力	225	-.6940	1.3887	0.0662	0.2436	0.059	2.649	0.162	12.164	0.323

从表6-1的相关统计量可以看出，三个市场中股市对货币资金的吸引力的均值最大，其值为0.0698，其次是房地产市场，其值为0.0662，与股市的差别不是十分明显，最小的是产品市场，其值为0.0394，只有股市的56.5%，房地产市场的59.5%。而标准差也是股市最大，为0.6279，与均值一致，值得注意的是，产品市场与房地产市场吸引力的标准差却出现与均值不一致的变动特征，房地产市场吸引力的标准差0.2436小于产品市场吸引力的标准差0.2530。这表明：利用扩张性的货币政策刺激经济可能变得无效，相反可能更易引发资产泡沫；另外，股市的吸引力与货币政策存在紧密的关系，但房地产市场吸引力就不那么敏感，至少可以肯定的是，紧缩的货币政策对房地产市场吸引力几乎没什么影响。表6-1中的偏度显示，三个市场的吸引力均是右偏的，且房地产市场的偏离程度最大，意味着低于平均吸引力的月份要少于高过平均吸引力的月份，且房地产市场具有更高的持续性。最后从峰度上看，产品市场与房地产市场吸引力的相关统计量都远远大于3，说明这两个市场吸引力的分布存在尖峰状态，且尾部两端较薄，而股市吸引力的峰度值很小，表明其分布呈现出偏平状态，且具有厚尾特征。

6.1.2 吸引力与货币资金流向的关系

在货币供给总量一定的情况下，货币资金流向主要揭示的是货币分配的结构性变化。反过来说就是，货币资金的分配除了与资产市场结构有关外，它还与货币供给总量增长率有关。也就是说，一个市场的货币资金流入增速除了与该市场对货币资金的吸引力有关外，它还取决于货币供给总量增长率。为了探寻吸引力与货币资金流向的真实关系，就有必要剔除货币供给总量增长率差异的因素。为此，对表6-3中三个市场的吸引力从小到大进行排序，并确定吸引力最大的市场和最大吸引力值为解释变量样本值，同时以国内信贷资金月增长率作为货币资金向产品市场流入的增速变量，以股票市场成交金额月增长率作为货币资金向股票市场流入的增速变量，以全国商品房销售额月增长率作为货币资金向房地产市场流入的增速变量，对三个市场的货币资金流速从小到大进行排序，并确定货币资金流速最快的市场和最大货币资金流入增长率值作为被解释变量样本值。经这样处理后发现，在225对最大值序列中，有185对数据完全具有市场匹配性，即当某市场吸引力最大时，该市场的货币资金流入增长率也正好是最大值，匹配率达到82.22%，表明以三个市场最大吸引力为解释变量 x_i，以三个市场最大货币资金流入增长率为被解释变量 y_i 来探讨吸引力与货币资金流动的真实关系，不仅是可行的而且是有效的，最大吸引力 x_i 与最大货币资金流入增长率 y_i 样本期内的变动状况如图6-2所示。

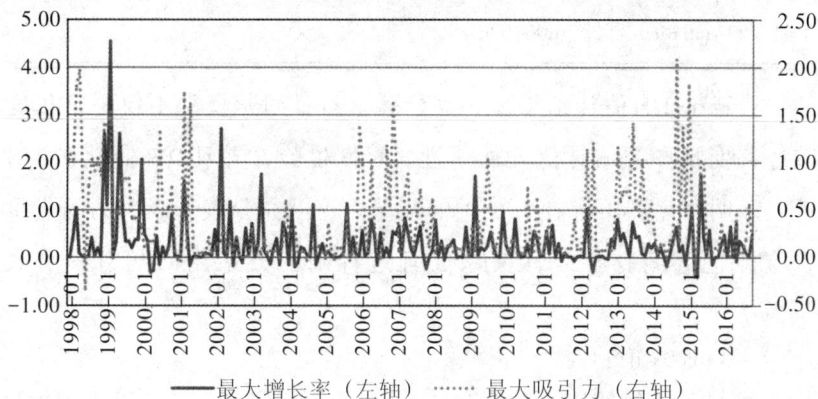

——最大增长率（左轴）　……最大吸引力（右轴）

图6-2　最大资金流入增长率和最大吸引力

图6-2中 x_i 与 y_i 的变动明显表现出同向性特征，对此构建线性回归方程 $y_i = \beta_0 + \beta_1 x_i + u_t$（$i = 1, 2, 3 \cdots 225$），并用样本数据进行回归分析，回归分析结果如表6-2所示。

表6-2　　　　　　　　　　　　　回归分析表

Variable	Coefficient	Std. Error	t-Statistic	Prob.
C	0.105667	0.003765	3.022710	0.0000
X	0.261699	0.008755	4.522143	0.0000
R-squared	0.631015	Mean dependent var		0.834863
Adjusted R-squared	0.630034	S.D. dependent var		0.837629
S.E. of regression	0.726182	Akaike info criterion		3.875092
Sum squared resid	70.28837	Schwarz criterion		4.585428
Log likelihood	-172.9445	Hannan-Quinn criter.		2.873618
F-statistic	55.39857	Durbin-Watson stat		2.043434
Prob（F-statistic）	0.000000			

　　从表6-2的估计结果及相关检验上看，回归模型不仅拟合优度较好，而且参数估计值均能通过显著性检验，并且DW值就在2附近，表明两序列不存在自相关的情况。这就充分表示吸引力与货币资金流速之间存在线性关系，且这种线性关系用回归方程可表示为：

$$y = 0.1057 + 0.2617x$$
$$(3.0227)　(4.5221)　　　　　　　　　　　　　　　(6-1)$$
$$R^2 = 0.631　　DW = 2.0434$$

　　（6-1）式表明，吸引力与货币资金流向之间存在正向变动的关系，且这种正向关系在吸引力最大的市场具有正反馈效应。具体而言就是，如果吸引力最大的资产市场的吸引力增加1个单位，流入该市场的货币资金增长率将增加26.17%。

表6-3　各市场吸引力、最大吸引力、最大资金流入增长率结果

时间	实体吸引力	股市吸引力	房市吸引力	最大吸引力	最大资金流入增长率
1998-01	0.9618	0.2097	-0.0757	0.9618	0.0084
1998-02	1.0776	-0.4467	-0.0757	1.0776	0.0084
1998-03	1.0233	0.7554	-0.0757	1.0233	0.4549
1998-04	0.0607	1.7960	0.1133	1.7960	1.0437
1998-05	0.8413	1.9596	0.1133	1.9596	0.0885
1998-06	0.8312	-0.8979	0.1133	0.8312	0.0158
1998-07	-1.4011	-0.3341	-0.0331	-0.3341	-0.0077
1998-08	0.7595	-0.4455	-0.0331	0.7595	0.0284
1998-09	0.9702	1.0263	-0.0331	1.0263	0.4237
1998-10	0.9061	-0.5278	-0.0061	0.9061	0.0173
1998-11	1.0425	1.0352	-0.0061	1.0352	0.2029
1998-12	0.8617	-1.4327	-0.0048	0.8617	0.0173
1999-01	-0.6118	-0.1717	1.3888	1.3888	2.6009
1999-02	0.0223	-0.3500	1.3888	1.3888	1.1018
1999-03	0.0925	1.5259	1.3888	1.5259	4.5381
1999-04	-0.0070	-0.4399	-0.6940	-0.0070	0.0106
1999-05	0.0915	0.4868	-0.6940	0.4868	0.3381
1999-06	0.0556	0.4608	-0.4131	0.4608	2.6026
1999-07	-0.0720	-0.0649	0.8258	0.8258	1.0053
1999-08	0.0580	0.1360	0.8258	0.8258	0.3417
1999-09	0.0504	-0.1453	0.8258	0.8258	0.3417
1999-10	0.0308	-0.1235	0.4123	0.4123	0.2056
1999-11	0.0468	-0.8204	0.4123	0.4123	0.3774

续表

时间	实体吸引力	股市吸引力	房市吸引力	最大吸引力	最大资金流入增长率
1999-12	0.0456	-0.6619	0.4123	0.4123	0.3774
2000-01	-0.3211	0.3139	-0.0660	0.3139	2.0580
2000-02	0.0705	0.1161	-0.0660	0.1161	0.5008
2000-03	0.0699	0.1539	-0.0660	0.1539	0.3496
2000-04	-0.0398	0.1712	0.1319	0.1712	-0.3204
2000-05	0.0677	0.1723	0.1319	0.1723	-0.2751
2000-06	0.0716	0.3054	0.1319	0.3054	0.4574
2000-07	-0.1067	1.3121	0.4594	1.3121	-0.1537
2000-08	0.0749	-0.0170	0.4594	0.4594	0.2256
2000-09	0.0705	-0.4536	0.4594	0.4594	0.0183
2000-10	-0.0173	0.5323	0.0000	0.5323	0.2365
2000-11	0.0626	0.7358	0.0000	0.7358	0.9130
2000-12	0.0615	0.0442	0.0000	0.0615	0.0349
2001-01	-0.3189	-0.0269	-0.0390	-0.0269	0.0182
2001-02	0.0968	-0.3695	-0.0390	-0.0390	0.0095
2001-03	0.0636	1.7226	-0.0390	1.7226	1.6128
2001-04	-0.0446	0.0532	0.1054	0.1054	0.5941
2001-05	0.0541	1.6123	0.1054	1.6123	-0.1749
2001-06	0.0536	0.0305	0.1054	0.1054	0.0175
2001-07	-0.0740	-0.9486	0.0000	0.0000	0.0231
2001-08	0.0434	-0.2102	0.0000	0.0434	0.0037
2001-09	0.0505	-0.2513	0.0000	0.0505	0.0057
2001-10	0.0348	-0.0506	-0.0386	0.0348	0.1046

续表

时间	实体吸引力	股市吸引力	房市吸引力	最大吸引力	最大资金流入增长率
2001-11	0.0423	0.2100	−0.0386	0.2100	0.0721
2001-12	0.0464	−0.5950	−0.0386	0.0464	0.0430
2002-01	−0.0264	−0.1122	0.0756	0.0756	0.5941
2002-02	0.0014	0.1466	0.0756	0.1466	0.0089
2002-03	0.0049	0.1763	0.0666	0.1763	2.7013
2002-04	−0.0021	0.3236	−0.0414	0.3236	0.0810
2002-05	0.0058	−0.5204	−0.0414	0.0058	0.0060
2002-06	0.0055	0.2235	−0.0414	0.2235	1.1697
2002-07	−0.0086	−0.8625	0.0249	0.0249	−0.1746
2002-08	0.0057	0.2102	0.0249	0.2102	0.4295
2002-09	0.0061	−1.2314	0.0249	0.0249	0.0171
2002-10	−0.0021	−0.6077	−0.0028	−0.0021	−0.1138
2002-11	0.0064	−0.2320	−0.0028	0.0064	0.6210
2002-12	0.0066	−0.5234	−0.0028	0.0066	0.0323
2003-01	−0.2006	0.3035	0.1244	0.3035	0.7137
2003-02	0.0574	0.0788	0.1244	0.1244	0.0068
2003-03	0.0496	−0.0093	0.1244	0.1244	0.2834
2003-04	−0.0532	0.0320	−0.0464	0.0320	1.7480
2003-05	0.0408	0.1894	−0.0464	0.1894	0.1318
2003-06	0.0496	−0.9397	−0.0464	0.0496	0.0328
2003-07	−0.0725	−0.1015	0.0696	0.0696	−0.1426
2003-08	0.0501	−1.1672	0.0696	0.0696	0.1996
2003-09	0.0479	−0.6240	0.0696	0.0696	0.4037

续表

时间	实体吸引力	股市吸引力	房市吸引力	最大吸引力	最大资金流入增长率
2003-10	−0.0282	−0.1210	−0.0077	−0.0077	−0.1552
2003-11	0.0523	0.1639	−0.0077	0.1639	0.7403
2003-12	0.0528	0.5904	−0.0077	0.5904	0.5296
2004-01	−0.1974	0.2203	0.0688	0.2203	−0.1570
2004-02	0.0613	0.2978	0.0688	0.2978	0.9863
2004-03	0.0521	0.3217	0.0688	0.3217	−0.2009
2004-04	−0.0551	−1.0010	0.0590	0.0590	−0.1175
2004-05	0.0474	−0.1300	0.0590	0.0590	0.2219
2004-06	0.0441	−0.6500	0.0590	0.0590	0.1882
2004-07	−0.0648	−0.0511	−0.0336	−0.0336	0.0571
2004-08	0.0434	−0.2874	−0.0336	0.0434	0.0037
2004-09	0.0439	0.0986	−0.0336	0.0986	1.1112
2004-10	−0.0159	−0.2449	0.0502	0.0502	−0.1523
2004-11	0.0461	0.1248	0.0570	0.1248	0.0499
2004-12	0.0449	−0.7851	0.0570	0.0570	0.2951
2005-01	−0.2236	−0.4569	−0.0105	−0.0105	0.0571
2005-02	0.0479	0.3395	−0.0105	0.3395	0.1399
2005-03	0.0920	−1.0523	−0.0105	0.0920	0.0158
2005-04	−0.1215	−0.0875	−0.0227	−0.0227	0.0017
2005-05	0.1005	−0.9265	−0.0227	0.1005	−0.0008
2005-06	0.1016	0.0407	−0.0227	0.1016	0.0192
2005-07	−0.1700	0.0099	−0.0644	0.0099	0.1097
2005-08	0.0971	0.4244	−0.0232	0.4244	1.1323

续表

时间	实体吸引力	股市吸引力	房市吸引力	最大吸引力	最大资金流入增长率
2005-09	0.0999	-0.0435	-0.0327	-0.0327	0.0150
2005-10	-0.0283	-0.5204	0.0651	0.0651	0.4285
2005-11	0.1005	0.0782	0.0184	0.0184	0.0815
2005-12	0.0999	1.3602	-0.0555	1.3602	0.0172
2006-01	-0.2222	0.9715	-0.0349	0.9715	0.5706
2006-02	0.0687	0.3095	0.0000	0.3095	0.0227
2006-03	0.0614	-0.0085	-0.0936	0.0614	0.0959
2006-04	-0.0890	1.0210	0.0820	1.0210	0.7934
2006-05	0.0618	0.3151	0.0000	0.3151	0.4987
2006-06	0.0668	0.0722	0.0698	0.0722	-0.1616
2006-07	-0.0862	-0.1514	-0.0116	-0.0116	0.5268
2006-08	0.0547	0.2533	-0.0233	0.2533	0.0092
2006-09	0.0627	1.1697	-0.0392	1.1697	0.2108
2006-10	-0.0150	0.5485	0.0000	0.5485	0.0069
2006-11	0.0583	1.6190	-0.0524	1.6190	0.5472
2006-12	0.0576	0.9649	0.0785	0.9649	0.4913
2007-01	-0.2380	0.0693	-0.0143	0.0693	0.6674
2007-02	0.0563	0.0377	-0.0071	0.0563	0.0156
2007-03	0.0769	0.6862	0.0214	0.6862	0.8342
2007-04	-0.1096	0.8758	-0.0555	0.8758	0.5343
2007-05	0.0873	0.1785	0.0870	0.1785	0.2000
2007-06	0.1021	-0.1230	0.0516	0.1021	0.0271
2007-07	-0.1685	0.4804	0.0684	0.4804	0.3270

续表

时间	实体吸引力	股市吸引力	房市吸引力	最大吸引力	最大资金流入增长率
2007−08	0.1010	0.7079	0.0647	0.7079	0.6531
2007−09	0.1084	0.3411	0.0916	0.3411	0.0697
2007−10	−0.0275	0.2835	0.0423	0.2835	−0.2409
2007−11	0.1162	−0.7412	0.1156	0.1156	0.0100
2007−12	0.1168	0.6067	−0.0524	0.6067	0.1545
2008−01	−0.4778	−0.5063	0.0499	0.0499	0.7849
2008−02	0.1208	−0.0199	−0.0249	0.1208	0.0069
2008−03	0.1382	−0.6728	−0.0125	0.1382	0.3515
2008−04	−0.1620	0.0958	−0.0313	0.0958	−0.0572
2008−05	0.1252	−0.3230	−0.0378	0.1252	0.2066
2008−06	0.1252	−0.4442	−0.0634	0.1252	0.2876
2008−07	−0.1944	0.0582	−0.0704	0.0582	0.3794
2008−08	0.1016	−0.3747	−0.1037	0.1016	0.0035
2008−09	0.0910	−0.0726	−0.1319	0.0910	0.0143
2008−10	0.0589	−0.7164	−0.1257	0.0589	0.0006
2008−11	0.0386	0.1366	−0.0892	0.1366	0.6460
2008−12	0.0285	−0.0775	−0.0328	0.0285	0.0465
2009−01	−0.1837	0.3061	−0.0178	0.3061	0.0419
2009−02	0.0398	0.0732	−0.0115	0.0732	1.7077
2009−03	0.0304	0.3834	−0.0058	0.3834	0.0531
2009−04	−0.0240	0.1582	0.0058	0.1582	0.2180
2009−05	0.0325	0.4120	0.0115	0.4120	0.1552
2009−06	0.0388	1.0265	0.0172	1.0265	0.2428

时间	实体吸引力	股市吸引力	房市吸引力	最大吸引力	最大资金流入增长率
2009-07	−0.1545	0.5246	0.0256	0.5246	0.5386
2009-08	0.0443	−0.3272	0.0337	0.0443	0.2241
2009-09	0.0497	0.1439	0.0278	0.1439	0.0192
2009-10	0.1408	0.2649	0.0303	0.2649	0.0035
2009-11	0.0670	0.2314	0.0569	0.2314	0.9774
2009-12	0.0648	0.1499	0.0637	0.1499	0.2748
2010-01	−0.2377	−0.5349	0.0336	0.0336	0.1036
2010-02	0.0387	0.1787	0.0261	0.1787	0.0179
2010-03	0.0535	0.1822	0.0172	0.1822	0.8140
2010-04	−0.0594	−0.4776	0.0205	0.0205	0.1521
2010-05	0.0491	−0.2703	−0.0051	0.0491	0.0067
2010-06	0.0413	−0.3675	−0.0154	0.0413	0.0193
2010-07	−0.0662	0.7289	−0.0189	0.7289	0.2910
2010-08	0.0418	0.0033	−0.0191	0.0418	0.0158
2010-09	0.0402	0.0708	−0.0053	0.0708	0.5565
2010-10	0.0079	0.6113	−0.0105	0.6113	0.4223
2010-11	0.0446	−0.1929	−0.0236	0.0446	0.0158
2010-12	0.0452	−0.0380	−0.0299	0.0452	0.0282
2011-01	−0.3325	−0.0425	0.2547	0.2547	0.5643
2011-02	0.0841	0.3910	0.1592	0.3910	0.0829
2011-03	0.0912	0.1517	0.1042	0.1517	0.6846
2011-04	−0.1112	−0.1105	0.1129	0.1129	0.0114
2011-05	0.0894	−0.9006	0.0753	0.0894	0.3011

续表

时间	实体吸引力	股市吸引力	房市吸引力	最大吸引力	最大资金流入增长率
2011-06	0.1007	0.0985	0.0376	0.1007	-0.0789
2011-07	-0.1557	-0.3629	0.0405	0.0405	0.1053
2011-08	0.0976	-0.4762	0.0000	0.0976	0.0151
2011-09	0.0997	-0.9357	0.0000	0.0997	0.0180
2011-10	0.0142	0.3994	-0.0405	0.3994	-0.0732
2011-11	0.0901	-0.6260	-0.0811	0.0901	0.0208
2011-12	0.0929	-0.8347	-0.0811	0.0929	0.0367
2012-01	-0.4548	0.2210	-0.0917	0.2210	0.0047
2012-02	0.1418	1.1278	-0.0917	1.1278	1.0245
2012-03	0.0825	-0.9538	-0.2750	0.0825	0.0310
2012-04	-0.0327	1.1978	-0.2750	1.1978	-0.3052
2012-05	0.0746	-0.2106	-0.0917	0.0746	0.0087
2012-06	0.0681	-1.0366	0.0000	0.0681	0.0294
2012-07	-0.0953	-1.1847	0.0786	0.0786	0.0390
2012-08	0.0605	-0.6501	0.0786	0.0786	-0.0137
2012-09	0.0600	0.1458	0.0000	0.1458	-0.0334
2012-10	-0.0598	-0.1944	0.0786	0.0786	0.3960
2012-11	0.0600	-0.8669	0.2357	0.2357	0.2149
2012-12	0.0600	1.1542	0.2357	1.1542	0.8092
2013-01	-0.5311	0.5930	0.3789	0.5930	0.3627
2013-02	0.1434	-0.0751	0.6947	0.6947	0.5127
2013-03	0.1379	-0.3987	0.6947	0.6947	0.2782
2013-04	-0.1078	-0.3785	0.6316	0.6316	0.0238

续表

时间	实体吸引力	股市吸引力	房市吸引力	最大吸引力	最大资金流入增长率
2013-05	0.1365	1.4041	0.5684	1.4041	0.7493
2013-06	0.1351	−0.8769	0.5053	0.5053	0.4242
2013-07	−0.1946	0.0617	0.4421	0.4421	0.4558
2013-08	0.1379	1.0233	0.5053	1.0233	0.0888
2013-09	0.1393	0.3688	0.4421	0.3688	0.0376
2013-10	−0.1312	−0.2002	0.3789	0.3789	0.3013
2013-11	0.1407	0.5651	0.3789	0.5651	0.2079
2013-12	0.1407	−0.8621	0.2526	0.2526	0.3185
2014-01	−0.5830	−0.7719	0.0408	0.0408	0.0238
2014-02	0.1354	0.1425	0.0306	0.1425	0.2255
2014-03	0.1369	−0.1421	0.0204	0.1369	0.0257
2014-04	−0.0897	−0.0608	0.0102	0.0102	−0.1829
2014-05	0.1369	0.1849	−0.0204	0.1849	0.0641
2014-06	0.1385	0.1458	−0.0510	0.1458	0.3898
2014-07	−0.1889	2.0785	−0.0918	2.0785	0.6478
2014-08	0.1339	0.1742	−0.1223	0.1742	0.1402
2014-09	0.1339	1.3631	−0.1020	1.3631	0.2594
2014-10	−0.1173	0.4476	−0.0816	0.4476	−0.1494
2014-11	0.1309	1.8049	−0.0612	1.8049	0.3660
2014-12	0.1200	0.5210	−0.0374	0.5210	1.0350
2015-01	−0.6821	−0.0148	−0.1740	−0.1740	−0.2961
2015-02	0.1350	0.2107	−0.1740	0.2107	−0.4049
2015-03	0.1158	1.0098	−0.0633	1.0098	1.7446

时间	实体吸引力	股市吸引力	房市吸引力	最大吸引力	最大资金流入增长率
2015-04	−0.0145	0.9913	0.0949	0.9913	0.4418
2015-05	0.1123	0.0691	0.0316	0.0691	0.0380
2015-06	0.1026	−0.0738	0.0570	0.1026	0.5867
2015-07	−0.1316	−0.1286	0.0570	0.0570	−0.1507
2015-08	0.1026	−0.0973	0.0570	0.1026	0.0113
2015-09	0.0786	−0.0936	0.0443	0.0786	0.0133
2015-10	−0.0411	0.3491	0.0221	0.3491	0.2973
2015-11	0.0773	0.0467	0.0443	0.0773	0.4821
2015-12	0.0773	0.1431	0.0443	0.1431	0.0236
2016-01	−0.2825	−0.1947	0.0185	0.0185	0.6578
2016-02	0.0511	−0.0290	0.0247	0.0511	0.0127
2016-03	0.0548	0.4534	0.0556	0.4534	0.7136
2016-04	0.0143	−0.1992	0.0679	0.0679	−0.0820
2016-05	0.0548	−0.0377	0.0556	0.0556	0.3573
2016-06	0.0557	0.0370	0.0432	0.0557	0.2648
2016-07	−0.0626	0.1997	0.0432	0.1997	0.1092
2016-08	0.0566	0.5563	0.0803	0.5563	0.0147
2016-09	0.0566	−0.4579	0.1112	0.1112	0.5005

6.1.3 集聚效应的模型检验

当吸引力最大的市场存在正反馈效应时，它就有可能导致该市场产生自我强化机制，而一旦该市场有了自我强化机制，由资金推动的资产价格泡沫或通货膨胀就不可避免。

集聚效应作为刻画自我强化机制存在与否的一条有效途径,它揭示了具有大吸引力的某市场是否紧接着会出现大的吸引力的运行特征,而集聚效应存在与否则可以借助GARCH模型来加以验证。以下利用GARCH模型来分别验证产品市场、股票市场和房地产市场三个市场是否存在吸引力的集聚效应。

就股票市场吸引力序列数据而言,为了构建股票市场吸引力的GARCH模型,有必要先对吸引力序列数据进行稳定性检验,1998年1月至2016年9月股票市场吸引力序列数据的平稳性检验结果见表6-4。表6-4显示,无论是从t检验值还是从P值上看,均可判断股票市场吸引力序列数据是平稳的。然后,对于股票市场吸引力这一类平稳序列数据,利用残差平方相关图法则可检验ARCH效应,残差平方相关图及ARCH效应检验结果如图6-3所示。从残差平方相关图及检验结果可以看出,股票市场吸引力序列存在ARCH效应。最后,分别建立GARCH(1,1)、GARCH(1,2)和GARCH(2,1)模型,经比较后得到最优模型GARCH(1,1),最优模型GARCH(1,1)的参数估计及其相关检验如表6-5所示。

表6-4　　　　　　　**股票市场吸引力序列数据的平稳性检验**

		t–Statistic	Prob.*
Augmented Dickey–Fuller test statistic		−3.126258	0.0002
Test critical values:	1% level	−3.460313	
	5% level	−2.874617	
	10% level	−2.573817	

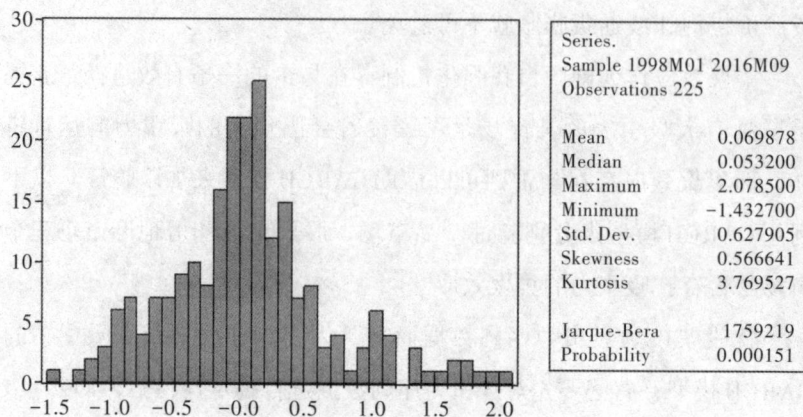

图6-3　股票市场吸引力序列分布图

表6-5　最优模型GARCH（1，1）的参数估计及其相关检验

Dependent Variable：F

Variable	Coefficient	Std. Error	z-Statistic	Prob.
F（-1）	0.124368	0.077416	1.606476	0.0005
C	-0.192086	0.851048	-0.225705	0.0000
Variance Equation				
C	12.21879	9.961876	1.226555	0.0000
RESID（-1）^2	0.041233	0.029813	1.383041	0.0000
GARCH（-1）	0.868670	0.078526	11.06224	0.0000

R-squared	0.411164	Mean dependent var	-0.012466
Adjusted R-squared	0.406710	S.D. dependent var	12.58484
S.E. of regression	12.54255	Akaike info criterion	7.877307
Sum squared resid	34924.03	Schwarz criterion	7.953460
Log likelihood	-877.2584	Hannan-Quinn criter.	7.908046
Durbin-Watson stat	2.061131		

由表6-5可得到股票市场吸引力的GARCH（1，1）模型：

$F_{2t} = -0.1921 + 0.1244F_{2t-1} + u_t$

$\sigma_t^2 = 12.2188 + 0.8687\sigma_{t-1}^2 + 0.4123u_{t-1}^2$

同理，可以分别得到产品市场和房地产市场的GARCH（2，1）模型和GARCH（1，2）模型。

对于产品市场，实体收益率序列图如图6-4所示：

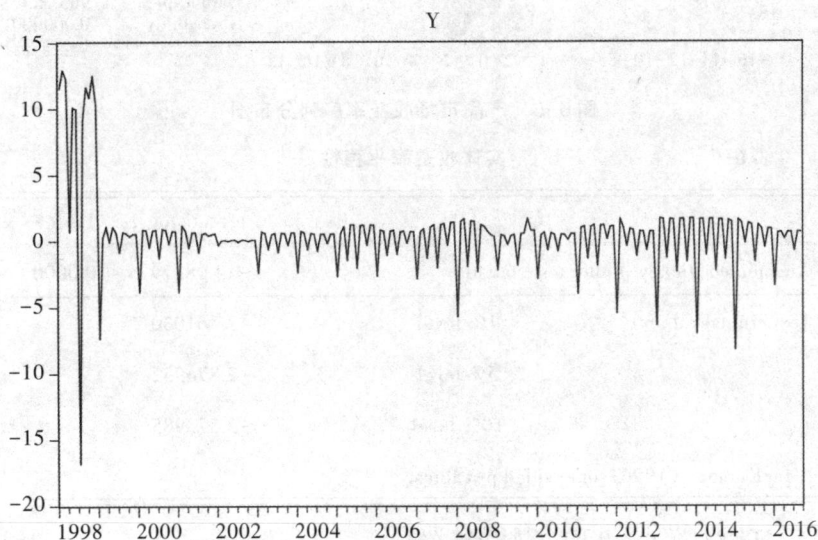

图6-4 产品市场实体收益率序列图

可观察到实体收益率的"集群"现象，在1998—1999年范围内波动较大，在其余时间段内波动较小。

图6-5说明实体收益率均值为0.473644，标准差为3.037070，偏度为0.699124，峰度13.05067。P值为0，说明该收益率不服从正态分布。

实体收益率平稳性见表6-6.

将原实体收益率去平均化，得到：

$F_1 = Y - 0.473644$

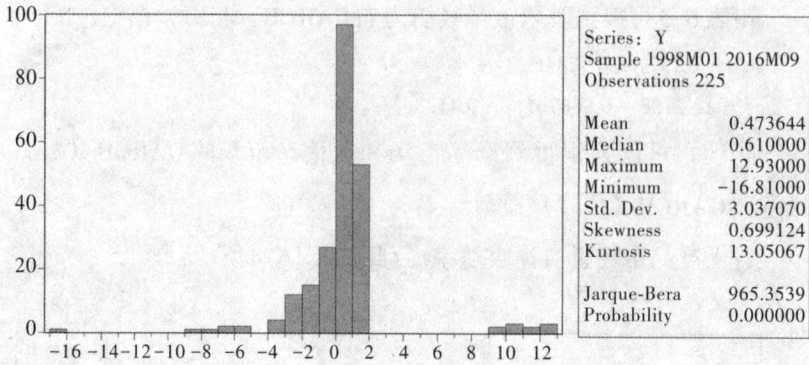

图6-5 产品市场收益率序列分布图

表6-6 实体收益率平稳性

		t-Statistic	Prob.*
Augmented Dickey-Fuller test statistic		-14.08279	0.0000
Test critical values：	1% level	-3.461030	
	5% level	-2.874932	
	10% level	-2.573985	

*MacKinnon （1996）one-sided p-values.

*T检验P值小于0.05，说明序列平稳。

F_1 序列的描述性分析图如图6-6所示：

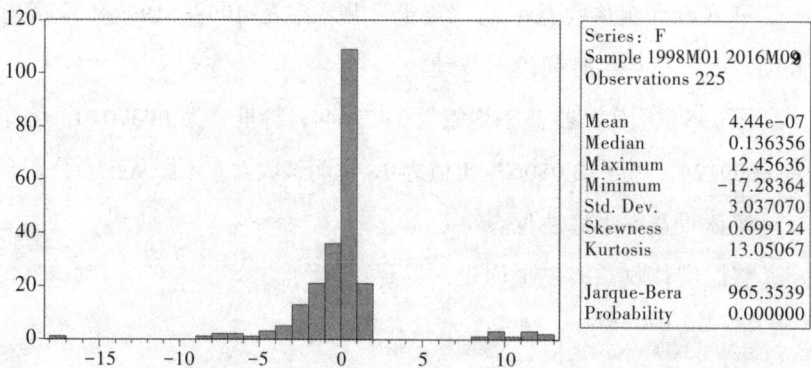

图6-6 产品市场收益率描述性分析

用残差平方相关图法检验 ARCH 效应，通过对自相关图分析，说明存在 ARCH 效应。

建立最优模型 GARCH（2，1）：

表6-7　产品市场模型 GARCH（2，1）参数估计及相关检验

GARCH = C（1）+ C（2）*RESID（-1）^2 + C（3）*GARCH（-1）+ C（4）*GARCH（-2）

Variable	Coefficient	Std. Error	z-Statistic	Prob.
	Variance Equation			
C	1.178683	0.364253	3.235890	0.0012
RESID（-1）^2	0.176196	0.060434	2.915523	0.0036
GARCH（-1）	0.837540	0.172047	4.868082	0.0000
GARCH（-2）	-0.297710	0.053879	-5.525477	0.0000
R-squared	0.000000	Mean dependent var		4.44E-07
Adjusted R-squared	0.004444	S.D. dependent var		3.037070
S.E. of regression	3.030314	Akaike info criterion		4.226843
Sum squared resid	2 066.130	Schwarz criterion		4.287574
Log likelihood	-471.5198	Hannan-Quinn criter.		4.251354
Durbin-Watson stat	1.638594			

由表6-7可得产品市场吸引力的 GARCH（2，1）模型为：

$$F_{1t} = 0.0002 + 0.5297 F_{1t-1} + u_t$$

$$\sigma_t^2 = 1.1786 + 0.8375\sigma_{t-1}^2 - 0.2977\sigma_{t-2}^2 + 0.1761 u_{t-1}^2$$

对于房地产市场，房地产市场收益率序列图如图6-7所示：

Y3

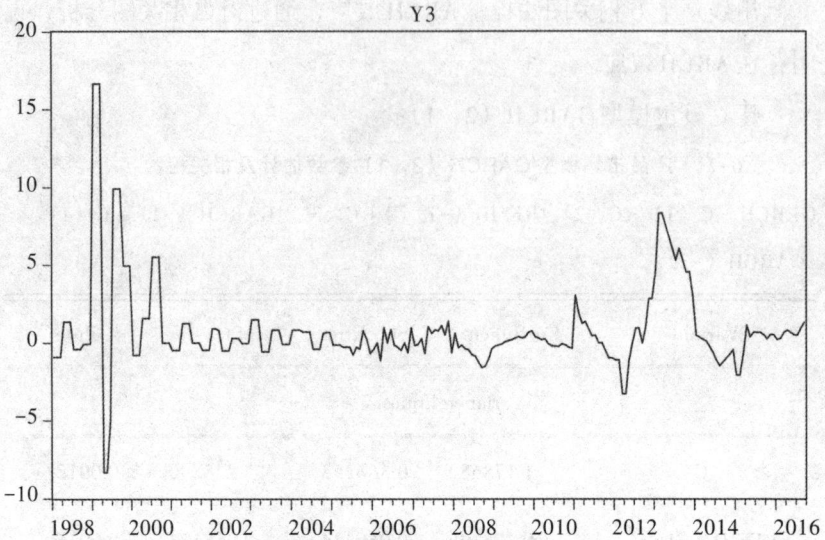

图 6-7　房地产市场收益率序列图

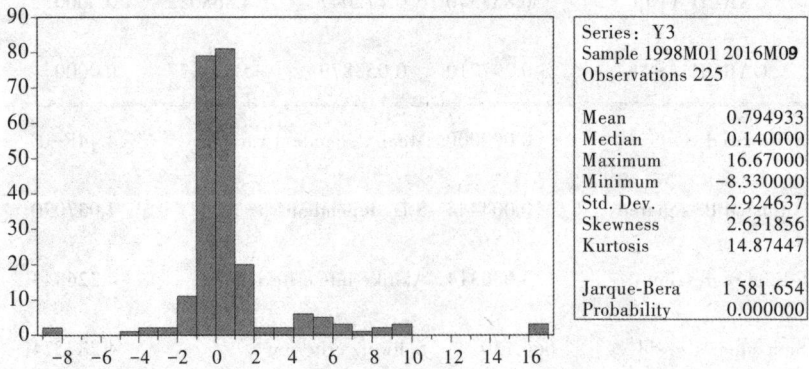

Series：Y3	
Sample 1998M01 2016M09	
Observations 225	
Mean	0.794933
Median	0.140000
Maximum	16.67000
Minimum	−8.330000
Std. Dev.	2.924637
Skewness	2.631856
Kurtosis	14.87447
Jarque-Bera	1 581.654
Probability	0.000000

图 6-8　房地产市场收益率序列分布图

房地产序列平稳性检验见表 6-8：

表 6-8　　　　　　　　　　房地产序列平稳性检验

		t-Statistic	Prob.*
Augmented Dickey-Fuller test statistic		−3.126278	0.0261
Test critical values：	1% level	−3.460313	
	5% level	−2.874617	
	10% level	−2.573817	

续表

Variable	Coefficient	Std. Error	t-Statistic	Prob.
Y3（-1）	-0.214860	0.068727	-3.126278	0.0020
D（Y3（-1））	0.140933	0.078556	1.794041	0.0742
D（Y3（-2））	0.091918	0.078082	1.177193	0.2405
D（Y3（-3））	-0.746469	0.077542	-9.626691	0.0000
D（Y3（-4））	0.052953	0.065231	0.811777	0.4178
D（Y3（-5））	0.026114	0.064789	0.403069	0.6873
D（Y3（-6））	-0.344974	0.064612	-5.339129	0.0000
C	0.181223	0.131427	1.378888	0.1694
R-squared	0.526012	Mean dependent var		0.007936
Adjusted R-squared	0.510212	S.D. dependent var		2.513013
S.E. of regression	1.758728	Akaike info criterion		4.003065
Sum squared resid	649.5558	Schwarz criterion		4.127267
Log likelihood	-428.3341	Hannan-Quinn criter.		4.053232
F-statistic	33.29273	Durbin-Watson stat		2.001708
Prob（F-statistic）	0.000000			

*T检验P值小于0.05，说明序列平稳。

建立模型，将原实体收益率去平均化，得到：

$$F_3 = Y_3 - 0.794933$$

F_3序列的描述性分析图如图6-9所示：

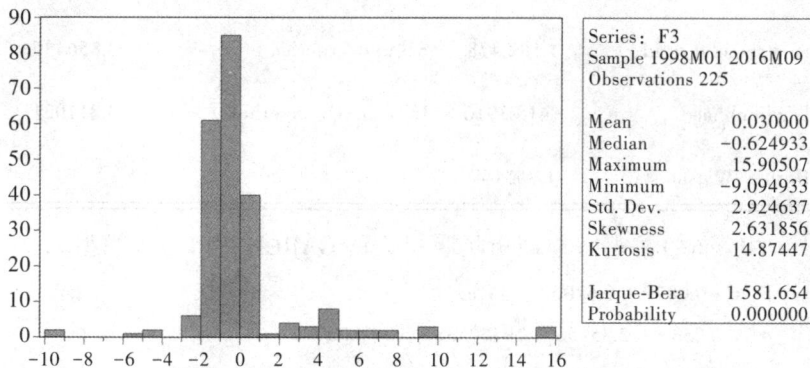

图6-9 房地产市场收益率描述性分析

用残差平方相关图法检验 ARCH 效应，通过对自相关图分析，说明存在 ARCH 效应。

建立最优模型 GARCH（1，2）：

表6-9　　房地产市场 GARCH（1，2）的参数估计及相关检验

GARCH = C（3）+ C（4）*RESID（-1）^2 + C（5）*GARCH（-1）

Variable	Coefficient	Std. Error	z-Statistic	Prob.
F3（-1）	0.670002	0.034648	23.18366	0.0000
C	-0.089739	0.099403	-0.647253	0.0005
Variance Equation				
C	0.253805	0.006677	6.107875	0.0000
RESID（-1）^2	2.851516	0.004741	9.764270	0.0000
GARCH（-1）	0.053837	0.003519	260.6633	0.0000
R-squared	0.381893	Mean dependent var		0.037612
Adjusted R-squared	0.379109	S.D. dependent var		2.928953
S.E. of regression	2.307916	Akaike info criterion		3.780282
Sum squared resid	1 182.478	Schwarz criterion		3.856435
Log likelihood	-418.3916	Hannan-Quinn criter.		3.811021
Durbin-Watson stat	1.855147			

由表 6-9 可得房地产市场吸引力的 GARCH（1，2）模型为：

$$F_{3t} = -0.0897 + 0.6700F_{3t-1} + u_t$$

$$\sigma_t^2 = 0.2538 + 2.8515\sigma_{t-1}^2 + 0.0538u_{t-1}^2 - 0.0299u_{t-2}^2$$

从股票市场、产品市场和房地产市场吸引力的 GARCH（1，1）、GARCH（2，1）和 GARCH（1，2）三个模型的回归结果可以看出，

三个模型 F_{t-1} 和 σ^2_{t-1} 的估计参数均大于 0，不仅说明一个大的吸引力会紧跟着一个大的吸引力，而且还表明吸引力的一个大的波动会紧随一个大的波动，所有资产市场都存在集聚效应。

通过以上对三个市场的集聚效应的检验，又有了前面市场吸引力与市场资金的流入的正比关系，使得资金流入产生了不均衡状态，资金会超比例地流入吸引力大的市场中去，这样必然会导致结构性的资产泡沫的产生。

6.2　结构性资产泡沫的监控与预警的实证研究

对于结构性资产泡沫的产生过程与原因，前面都进行了详细的分析与证明，而结构性资产泡沫是由两部分组成，即理性泡沫和非理性泡沫，如果市场存在着理性泡沫，那这时认为市场处于健康状态。如果一旦超过理性泡沫变成非理性泡沫，那市场就会变得危险，相关部门应该作出对应的政策。而对于泡沫的这种变化过程的监测我们在前面也用了很多方法介绍，但这些方法都比较单一，并没有对结构性资产泡沫进行研究。在这一节将从结构性的角度对资产泡沫进行监测，并根据之前理论部分制定相应的预警标准与方案，来进行实证研究。我国经济的高速发展使得资产市场不断扩大，货币虚拟化明显，为了实证的准确性和数据上的可得性，选取资产市场中的两类：股票市场、房地产市场，这两个市场也是我国影响范围最大、关注度最高的市场，而且相关的数据也均可得到，这样有利于对它们泡沫的程度大小进行统计监控与预警的实证性考察。在整个实证过程中采取长期与短期两个时间上的区间进行泡沫预警的状态分析，短期以每个月为标准，计算单月的资产泡沫度，而长期则以每个月的累积进行测度，即从第一个月开始累积，始终以第一个月为起始点，然后开始1、2、3……依次累加，一直从第一个月加到最后一个月为止，这样就可以得到长期和短期的泡沫情况，可以更清晰地看到泡沫预警信号。另外还计算出月累积的泡沫度的平均值。

6.2.1 结构性资产泡沫的度量

随着我国市场经济改革的不断深入，资产市场不仅获得了迅速的发展，资产体系也不断深化，现已形成了实物资产与金融资产两大体系。就实物资产体系而言，房产、黄金、珠宝、红木、收藏品等构成了其中的主体部分；就金融资产体系而言，现已基本形成完整的基础性金融资产（包括债权资产、股权资产、外汇资产等）和众多的金融衍生品资产（如可转换债券、期货类资产、期权类资产、远期类资产和互换类资产等）。然而，在全部这些资产中，影响范围最广、关注度最高，且数据可得性相对便利的只有房地产和股票资产。所以以下仅选择房产和股票两类资产，就其泡沫生成及其统计监测状况进行实证性考察。由资产引力模型可知，资产泡沫产生的前提是市场吸引力的失衡，因为市场的收益与风险的配比关系使得吸引力变量变大，使得资金过量流入到该市场，进而使得资产的价格快速上涨，而价格的上涨一旦超过一定的程度，那必然就形成了资产价格的泡沫。因而对于泡沫的产生与否，以及程度的大小，到底是理性的还是非理性的泡沫，考虑到实证的延续性，以及样本区间上的变化，在上一节的基础上，对资产吸引力进行样本周期上的调整，进行重新计算，再进行监测预警实证分析。

对于资产i的选择，以股票市场、房地产市场为主，而股票市场选取上证综合指数，收益率通过对数公式 $r_i = \ln(y_t/y_{t-1})$ 计算，样本区间为1990年12月19日至2016年12月31日，总共6320个样本数据，数据为日度数据；房地产市场以70个大城市的房地产指数为主，时间区间为1998年7月至2016年12月31日，总共222个样本数据，数据为月度数据。所有数据均来源于wind金融资讯终端数据库与国家统计局官网。

首先给出两个市场的价格指数图（如图6-10所示）：

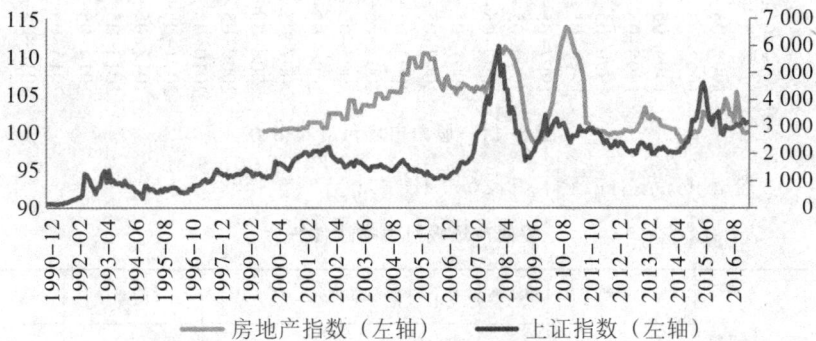

图6-10 两个市场的指数波动轨迹

（1）股票市场的泡沫度测量

在股票市场的数据的选择上，因为数据比较完整，但为了与房地产数据进行统一描述比较，把样本区间同样选取为1998年7月1日到2016年12月，采用上证综合指数，计算资产市场对资金的吸引力，通过对（4-8）式的变量进行提取和计算，在公式 $F_i = \dfrac{r_i r_f}{\sigma_i}$ 中，主要是对三个变量进行计算提取，一个是股票市场的收益率，利用对数公式 $r_i = \ln(Y_i / Y_{i-1})$ 进行计算；第二个是无风险利率 r_f，通过统一选取在当时对应的一年的存款利率并除以12得到；最后是股票市场方差，通过月度样本计算日收益率的方差后，再乘以交易日数 t。通过计算，最终得到股票市场月度吸引力数据，如图6-11所示：

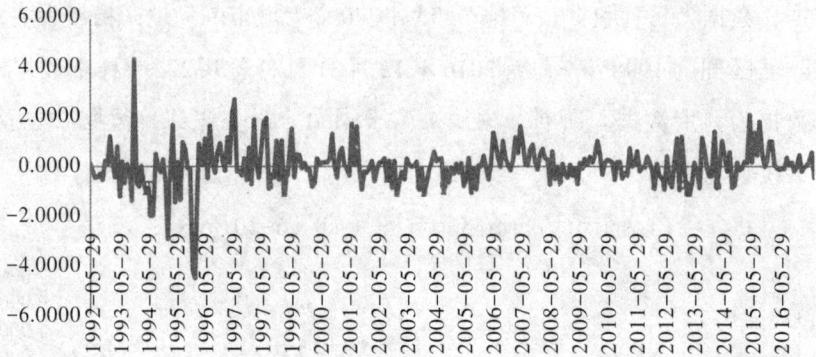

图6-11　股票市场月度吸引力

整体的描述性统计如表6-10所示：

表6-10　　　　　　　　　股票市场吸引力描述性统计

	N	极小值	极大值	均值	标准差	方差		偏度		峰度
	统计量	统计量	统计量	统计量	统计量	统计量	统计量	标准误	统计量	标准误
吸引力	293	-4.52	4.36	.03	.84	.71		-.32	.14	7.20	.29
有效的 N	293									

接下来在第一步的基础上，通过 $F_i = \dfrac{r_i r_f}{\sigma_i}$ 进行股票市场的泡沫分析，首先从长期的角度来进行计算，以1998年7月为初始点，然后从第一个月开始，依次一个月、两个月……进行累加，直到从第一个月累加到样本区间的最后一个月为止，称为月累积泡沫度，并同时计算所有累积月的平均值，正文中均只给出相关的在泡沫区间的数据和图形。

表6-11　　　　　　　　　股票市场长期泡沫度结果

序号	时间区间	月累积泡沫度	月累积泡沫均值	$\sum b_i - 2\sigma$	$\sum b_i - 4\sigma$	预警信号
1	1998-11-30	0.6040	0.1208	0.4471	0.2902	红色

序号	时间区间	月累积泡沫度	月累积泡沫均值	$\sum b_i - 2\sigma$	$\sum b_i - 4\sigma$	预警信号
2	1999-06-30	0.4732	0.0394	0.2563	0.0393	红色
3	1999-07-30	0.3783	0.0291	0.1667	-0.0450	黄色
4	1999-08-31	0.4843	0.0346	0.2810	0.0777	红色
5	1999-09-30	0.3090	0.0206	0.1115	-0.0861	黄色
6	2000-07-31	0.9480	0.0379	0.7762	0.6044	红色
7	2000-08-31	0.9010	0.0347	0.7321	0.5631	红色
8	2000-09-29	0.4175	0.0155	0.2439	0.0703	红色
9	2000-10-31	0.9197	0.0328	0.7488	0.5778	红色
10	2000-11-30	1.6255	0.0561	1.4615	1.2976	红色
11	2000-12-29	1.6397	0.0547	1.5340	1.4284	红色
12	2001-01-19	1.5828	0.0511	1.4818	1.3808	红色
13	2001-02-28	1.1833	0.0370	1.0775	0.9717	红色
14	2001-03-30	2.8759	0.0871	2.7685	2.6610	红色
15	2001-04-30	2.8991	0.0853	2.7955	2.6920	红色
16	2001-05-31	4.4814	0.1280	4.3828	4.2841	红色
17	2001-06-29	4.4819	0.1245	4.3894	4.2969	红色
18	2001-07-31	3.5034	0.0947	3.3908	3.2781	红色
19	2001-08-31	3.2631	0.0859	3.1109	2.9586	红色
20	2001-09-28	2.9818	0.0765	2.8290	2.6762	红色
21	2001-10-31	2.9012	0.0725	2.7549	2.6086	红色
22	2001-11-30	3.0812	0.0752	2.9364	2.7915	红色
23	2001-12-31	2.4562	0.0585	2.3099	2.1637	红色
24	2002-01-31	2.3140	0.0538	2.1638	2.0137	红色

续表

序号	时间区间	月累积泡沫度	月累积泡沫均值	$\sum b_i - 2\sigma$	$\sum b_i - 4\sigma$	预警信号
25	2002-02-28	2.4306	0.0552	2.2833	2.1361	红色
26	2002-03-29	2.5769	0.0573	2.4300	2.2831	红色
27	2002-04-30	2.8705	0.0624	2.7234	2.5763	红色
28	2002-05-31	2.3200	0.0494	2.1760	2.0319	红色
29	2002-06-28	2.5135	0.0524	2.3659	2.2184	红色
30	2002-07-31	1.6210	0.0331	1.4727	1.3245	红色
31	2002-08-30	1.8012	0.0360	1.6530	1.5048	红色
32	2002-09-27	0.5398	0.0106	0.3931	0.2464	红色
33	2006-12-29	0.2064	0.0020	0.0664	−0.0735	黄色
34	2007-01-31	0.2458	0.0024	0.1069	−0.0319	黄色
35	2007-02-28	0.2534	0.0024	0.1146	−0.0243	黄色
36	2007-03-30	0.9096	0.0087	0.7699	0.6302	红色
37	2007-04-30	1.7554	0.0166	1.6115	1.4676	红色
38	2007-05-31	1.9039	0.0178	1.7599	1.6159	红色
39	2007-06-29	1.7510	0.0162	1.6080	1.4650	红色
40	2007-07-31	2.2013	0.0202	2.0658	1.9303	红色
41	2007-08-31	2.8792	0.0262	2.7412	2.6032	红色
42	2007-09-28	3.1903	0.0287	3.0520	2.9136	红色
43	2007-10-31	3.4439	0.0307	3.3054	3.1669	红色
44	2007-11-30	2.6727	0.0237	2.5279	2.3832	红色
45	2007-12-28	3.2494	0.0285	3.1045	2.9597	红色
46	2008-01-31	2.7131	0.0236	2.5634	2.4137	红色
47	2008-02-29	2.6632	0.0230	2.5150	2.3668	红色

续表

序号	时间区间	月累积泡沫度	月累积泡沫均值	$\sum b_i - 2\sigma$	$\sum b_i - 4\sigma$	预警信号
48	2008-03-31	1.9604	0.0168	1.8061	1.6517	红色
49	2008-04-30	2.0262	0.0172	1.8669	1.7076	红色
50	2008-05-30	1.6732	0.0141	1.5133	1.3533	红色
51	2008-06-30	1.1990	0.0100	1.0354	0.8718	红色
52	2008-07-31	1.2272	0.0101	1.0641	0.9010	红色
53	2008-08-29	0.8225	0.0067	0.6571	0.4916	红色
54	2008-09-26	0.7200	0.0059	0.5543	0.3886	红色
55	2009-01-23	0.2487	0.0020	0.0747	-0.0993	黄色
56	2009-02-27	0.2920	0.0023	0.1179	-0.0561	黄色
57	2009-03-31	0.6454	0.0050	0.4714	0.2974	红色
58	2009-04-30	0.7736	0.0060	0.6069	0.4403	红色
59	2009-05-27	1.1555	0.0088	0.9889	0.8223	红色
60	2009-06-30	2.1520	0.0163	1.9841	1.8162	红色
61	2009-07-31	2.6466	0.0199	2.4770	2.3074	红色
62	2009-08-31	2.2895	0.0171	2.1138	1.9381	红色
63	2009-09-30	2.4034	0.0178	2.2279	2.0524	红色
64	2009-10-30	2.6383	0.0194	2.4626	2.2869	红色
65	2009-11-30	2.8397	0.0207	2.6648	2.4900	红色
66	2009-12-31	2.9596	0.0214	2.7858	2.6120	红色
67	2010-01-29	2.3947	0.0172	2.2202	2.0456	红色
68	2010-02-26	2.5434	0.0182	2.3688	2.1943	红色
69	2010-03-31	2.6956	0.0191	2.5211	2.3466	红色
70	2010-04-30	2.1879	0.0154	2.0138	1.8396	红色

序号	时间区间	月累积泡沫度	月累积泡沫均值	$\sum b_i - 2\sigma$	$\sum b_i - 4\sigma$	预警信号
71	2010-05-31	1.8876	0.0132	1.7126	1.5375	红色
72	2010-06-30	1.4901	0.0103	1.3161	1.1421	红色
73	2010-07-30	2.1890	0.0151	2.0148	1.8406	红色
74	2010-08-31	2.1624	0.0148	1.9882	1.8140	红色
75	2010-09-30	2.2032	0.0150	2.0290	1.8549	红色
76	2010-10-29	2.7845	0.0188	2.6101	2.4356	红色
77	2010-11-30	2.5617	0.0172	2.3869	2.2122	红色
78	2010-12-31	2.4936	0.0166	2.3190	2.1445	红色
79	2011-01-31	2.4211	0.0160	2.2468	2.0724	红色
80	2011-02-28	2.7821	0.0183	2.6078	2.4335	红色
81	2011-03-31	2.9038	0.0190	2.7308	2.5578	红色
82	2011-04-29	2.7633	0.0179	2.5965	2.4297	红色
83	2011-05-31	1.8327	0.0118	1.6658	1.4990	红色
84	2011-06-30	1.9011	0.0122	1.7343	1.5675	红色
85	2011-07-29	1.5082	0.0096	1.3415	1.1747	红色
86	2011-08-31	1.0021	0.0063	0.8352	0.6684	红色
87	2011-10-31	0.4058	0.0025	0.2386	0.0714	红色
88	2012-02-29	0.1739	0.0011	0.0070	−0.1600	黄色
89	2012-04-27	0.3579	0.0022	0.1907	0.0236	红色
90	2014-09-30	0.9833	0.0050	0.8273	0.6713	红色
91	2014-10-31	1.4009	0.0071	1.2449	1.0890	红色
92	2014-11-28	3.1758	0.0161	3.0193	2.8628	红色
93	2014-12-31	3.6668	0.0185	3.5081	3.3494	红色
94	2015-01-30	3.6219	0.0182	3.4634	3.3050	红色

序号	时间区间	月累积泡沫度	月累积泡沫均值	$\sum b_i - 2\sigma$	$\sum b_i - 4\sigma$	预警信号
95	2015-02-27	3.8026	0.0190	3.6450	3.4873	红色
96	2015-03-31	4.7824	0.0238	4.6246	4.4667	红色
97	2015-04-30	5.7437	0.0284	5.5841	5.4245	红色
98	2015-05-29	5.7829	0.0285	5.6232	5.4635	红色
99	2015-06-30	5.6791	0.0278	5.5175	5.3560	红色
100	2015-07-31	5.5205	0.0269	5.3575	5.1944	红色
101	2015-08-31	5.3932	0.0262	5.2301	5.0671	红色
102	2015-09-30	5.2696	0.0255	5.1067	4.9438	红色
103	2015-10-30	5.5887	0.0269	5.4252	5.2618	红色
104	2015-11-30	5.6054	0.0268	5.4420	5.2785	红色
105	2015-12-31	5.7185	0.0272	5.5555	5.3925	红色
106	2016-01-29	5.4937	0.0260	5.3267	5.1596	红色
107	2016-02-29	5.4348	0.0256	5.2678	5.1009	红色
108	2016-03-31	5.8582	0.0275	5.6907	5.5233	红色
109	2016-04-29	5.6290	0.0263	5.4616	5.2942	红色
110	2016-05-31	5.5613	0.0259	5.3960	5.2306	红色
111	2016-06-30	5.5683	0.0258	5.4033	5.2383	红色
112	2016-07-30	5.7380	0.0264	5.5734	5.4088	红色
113	2016-08-31	6.2643	0.0287	6.1000	5.9357	红色
114	2016-09-30	5.7764	0.0264	5.6125	5.4485	红色
115	2016-10-31	5.9360	0.0270	5.7720	5.6080	红色
116	2016-11-30	6.0988	0.0276	5.9358	5.7728	红色
117	2016-12-31	5.8335	0.0263	5.6706	5.5078	红色

总样本数有222个，从表6-11可知，有117个月出现$\sum b_i > 2\sigma$，至少发出黄色预警信号，有109个月出现$\sum b_i > 4\sigma$，必定发出红色预警信号。

继续给出这117个月的数据图形（如图6-12至图6-14所示），包括表6-11中的累积泡沫值、月均值、$\sum b_i > 2\sigma$（与$\sum b_i > 4\sigma$只相差8个数）的三种图。

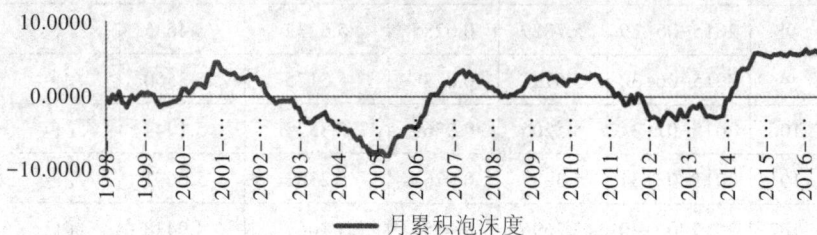

图6-12　股票市场月累积泡沫度

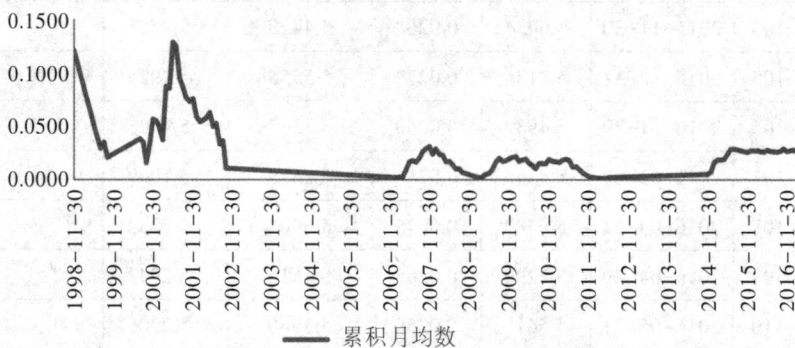

图6-13　股票市场月累积泡沫平均值

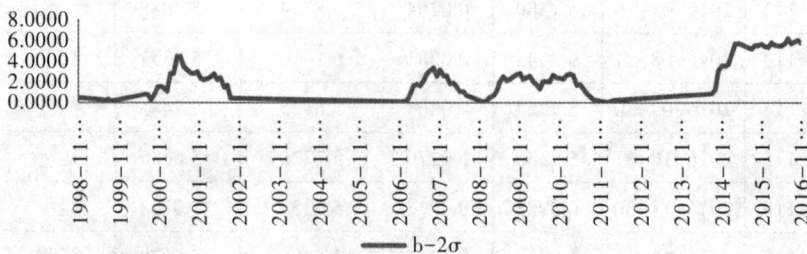

图6-14　股票市场长期泡沫信号$\sum b_i - 2\sigma$

接下来从短期的角度进行计算，这里的短期指等于一个月的时间周期，时间点与长期的时间周期内相对应，只给出图形（如图6-15所示）。

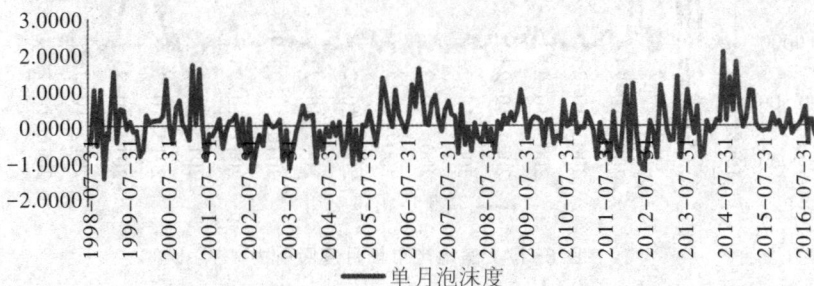

图6-15 股票市场单月泡沫度

统计后可知，在 $b_i > 2\sigma$ 范围内的有87个，在 $b_i > 4\sigma$ 范围内的有64个（如图6-16所示）。

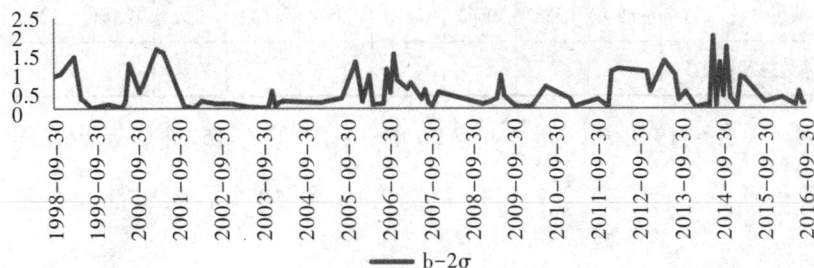

图6-16 股票市场短期泡沫信号 $b_i - 2\sigma$

（2）房地产市场的泡沫测度

房地产吸引力的计算，采用类似于股票市场吸引力的方法，数据上采用70个大城市的价格指数。首先得到房地产市场的月度吸引力图表，描述性统计（如图6-17、表6-12所示）：

接下来在第一步的基础上，通过 $F_i = \dfrac{r_i r_i}{\sigma_i}$ 进行房地产市场的泡沫分析，首先从长期的角度来进行计算，关于长期与短期的区间定义同股票市场。

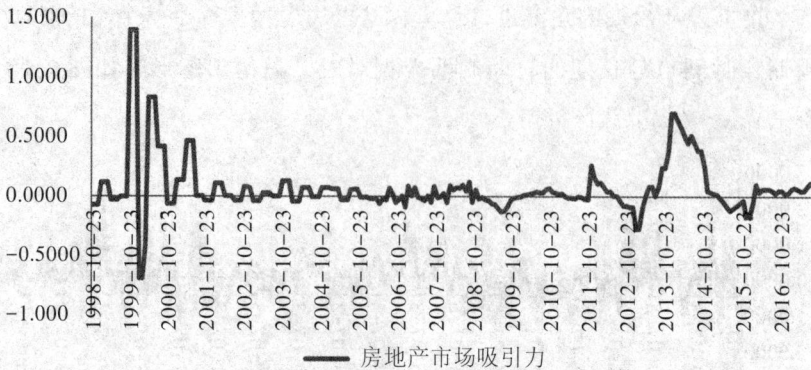

图6-17　房地产市场月度吸引力

表6-12　　　　　　　　　房地产市场吸引力描述性统计

	N	极小值	极大值	均值	标准差	方差		偏度		峰度	
	统计量	统计量	统计量	统计量	统计量	统计量	统计量	标准误	统计量	标准误	
吸引力	225	-.6940	1.3887	.0662	.2436	.059	2.649	.162	12.164	.323	
有效的 N	225										

从表6-13可知，在 $\sum b_i > 2\sigma$ 的范围内的有157个，至少发出黄色预警信号，在 $\sum b_i > 4\sigma$ 范围内的有110个，发出红色预警信号。

表6-13　　　　　　　　房地产市场长期泡沫度结果

序号	时间区间	月累积泡沫度	累积月均值	$\sum b_i - 2\sigma$	$\sum b_i - 4\sigma$	预警信号
1	1999-01-29	0.5991	0.0856	0.2333	-0.1325	黄色
2	1999-02-09	1.9279	0.2410	1.5656	1.2032	红色
3	1999-03-31	3.2567	0.3619	2.8749	2.4931	红色
4	1999-04-30	2.5026	0.2503	2.1648	1.8270	红色
5	1999-05-31	1.7486	0.1590	1.4834	1.2181	红色

序号	时间区间	月累积泡沫度	累积月均值	$\sum b_i - 2\sigma$	$\sum b_i - 4\sigma$	预警信号
6	1999-06-30	1.2755	0.1063	1.1554	1.0353	红色
7	1999-07-30	2.0413	0.1570	1.7074	1.3736	红色
8	1999-08-31	2.8071	0.2005	2.5090	2.2109	红色
9	1999-09-30	3.5729	0.2382	3.2456	2.9183	红色
10	1999-10-29	3.9252	0.2453	3.6396	3.3539	红色
11	1999-11-30	4.2775	0.2516	4.0537	3.8300	红色
12	1999-12-30	4.6298	0.2572	4.5179	4.4059	红色
13	2000-01-28	4.5039	0.2370	4.3975	4.2912	红色
14	2000-02-29	4.3779	0.2189	4.2777	4.1775	红色
15	2000-03-31	4.2519	0.2025	4.1585	4.0651	红色
16	2000-04-28	4.3238	0.1965	4.0434	3.7631	红色
17	2000-05-31	4.3956	0.1911	4.1517	3.9078	红色
18	2000-06-30	4.4675	0.1861	4.2746	4.0817	红色
19	2000-07-31	4.8669	0.1947	4.7263	4.5857	红色
20	2000-08-31	5.2664	0.2026	5.1063	4.9462	红色
21	2000-09-29	5.6658	0.2098	5.4928	5.3198	红色
22	2000-10-31	5.6058	0.2002	5.3026	4.9993	红色
23	2000-11-30	5.5458	0.1912	5.2775	5.0091	红色
24	2000-12-29	5.4858	0.1829	5.2607	5.0356	红色
25	2001-01-19	5.3867	0.1738	5.0876	4.7885	红色
26	2001-02-28	5.2877	0.1652	5.0062	4.7247	红色
27	2001-03-30	5.1886	0.1572	4.9262	4.6638	红色

序号	时间区间	月累积泡沫度	累积月均值	$\sum b_i - 2\sigma$	$\sum b_i - 4\sigma$	预警信号
28	2001-04-30	5.2340	0.1539	4.9185	4.6030	红色
29	2001-05-31	5.2794	0.1508	4.9007	4.5221	红色
30	2001-06-29	5.3248	0.1479	4.8969	4.4690	红色
31	2001-07-31	5.2648	0.1423	4.8030	4.3412	红色
32	2001-08-31	5.2048	0.1370	4.7623	4.3198	红色
33	2001-09-28	5.1448	0.1319	4.7234	4.3021	红色
34	2001-10-31	5.0462	0.1262	4.5949	4.1437	红色
35	2001-11-30	4.9476	0.1207	4.5063	4.0650	红色
36	2001-12-31	4.8490	0.1155	4.4180	3.9869	红色
37	2002-01-31	4.8646	0.1131	4.3910	3.9175	红色
38	2002-02-28	4.8803	0.1109	4.3566	3.8330	红色
39	2002-03-29	4.8868	0.1086	4.3207	3.7546	红色
40	2002-04-30	4.7854	0.1040	4.1921	3.5988	红色
41	2002-05-31	4.6840	0.0997	4.0637	3.4434	红色
42	2002-06-28	4.5826	0.0955	3.9376	3.2926	红色
43	2002-07-31	4.5475	0.0928	3.8984	3.2494	红色
44	2002-08-30	4.5124	0.0902	3.8604	3.2083	红色
45	2002-09-27	4.4773	0.0878	3.8227	3.1681	红色
46	2002-10-31	4.4146	0.0849	3.7600	3.1054	红色
47	2002-11-29	4.3518	0.0821	3.7443	3.1368	红色
48	2002-12-31	4.2891	0.0794	3.6917	3.0944	红色
49	2003-01-29	4.3535	0.0792	3.7539	3.1544	红色

续表

序号	时间区间	月累积泡沫度	累积月均值	$\sum b_i - 2\sigma$	$\sum b_i - 4\sigma$	预警信号
50	2003-02-28	4.4179	0.0789	3.8180	3.2180	红色
51	2003-03-31	4.4824	0.0786	3.8722	3.2621	红色
52	2003-04-30	4.3759	0.0754	3.7624	3.1488	红色
53	2003-05-30	4.2695	0.0724	3.6526	3.0357	红色
54	2003-06-30	4.1631	0.0694	3.5415	2.9200	红色
55	2003-07-31	4.1726	0.0684	3.5485	2.9244	红色
56	2003-08-29	4.1822	0.0675	3.5557	2.9291	红色
57	2003-09-30	4.1918	0.0665	3.5639	2.9359	红色
58	2003-10-31	4.1241	0.0644	3.4962	2.8683	红色
59	2003-11-28	4.0564	0.0624	3.4285	2.8006	红色
60	2003-12-31	3.9887	0.0604	3.3599	2.7311	红色
61	2004-01-30	3.9975	0.0597	3.3432	2.6890	红色
62	2004-02-27	4.0063	0.0589	3.3285	2.6507	红色
63	2004-03-31	4.0151	0.0582	3.3159	2.6166	红色
64	2004-04-30	4.0141	0.0573	3.3014	2.5888	红色
65	2004-05-31	4.0131	0.0565	3.2880	2.5630	红色
66	2004-06-30	4.0120	0.0557	3.3371	2.6623	红色
67	2004-07-30	3.9185	0.0537	3.2435	2.5685	红色
68	2004-08-31	3.8249	0.0517	3.1498	2.4747	红色
69	2004-09-30	3.7314	0.0498	3.0561	2.3809	红色
70	2004-10-29	3.7216	0.0490	3.0399	2.3583	红色
71	2004-11-30	3.7186	0.0483	3.0310	2.3434	红色

序号	时间区间	月累积泡沫度	累积月均值	$\sum b_i - 2\sigma$	$\sum b_i - 4\sigma$	预警信号
72	2004-12-31	3.7157	0.0476	3.0226	2.3295	红色
73	2005-01-31	3.6452	0.0461	2.9474	2.2497	红色
74	2005-02-28	3.5747	0.0447	2.8724	2.1701	红色
75	2005-03-31	3.5042	0.0433	2.7975	2.0907	红色
76	2005-04-29	3.4215	0.0417	2.7024	1.9832	红色
77	2005-05-31	3.3388	0.0402	2.6077	1.8766	红色
78	2005-06-30	3.2562	0.0388	2.5134	1.7707	红色
79	2005-07-29	3.1318	0.0368	2.3181	1.5043	红色
80	2005-08-31	3.0486	0.0354	2.2243	1.4001	红色
81	2005-09-30	2.9559	0.0340	2.1133	1.2707	红色
82	2005-10-31	2.9610	0.0336	2.0686	1.1763	红色
83	2005-11-30	2.9195	0.0328	2.0247	1.1299	红色
84	2005-12-30	2.8039	0.0312	1.8643	0.9246	红色
85	2006-01-25	2.7090	0.0298	1.8549	1.0009	红色
86	2006-02-28	2.6490	0.0288	1.7993	0.9497	红色
87	2006-03-31	2.4954	0.0268	1.6332	0.7710	红色
88	2006-04-28	2.5173	0.0268	1.6500	0.7827	红色
89	2006-05-31	2.4573	0.0259	1.5903	0.7233	红色
90	2006-06-30	2.4672	0.0257	1.5941	0.7211	红色
91	2006-07-31	2.3956	0.0247	1.5223	0.6490	红色
92	2006-08-31	2.3123	0.0236	1.4374	0.5625	红色
93	2006-09-29	2.2132	0.0224	1.3352	0.4573	红色

序号	时间区间	月累积泡沫度	累积月均值	$\sum b_i - 2\sigma$	$\sum b_i - 4\sigma$	预警信号
94	2006-10-31	2.1532	0.0215	1.2752	0.3972	红色
95	2006-11-30	2.0408	0.0202	1.1582	0.2756	红色
96	2006-12-29	2.0593	0.0202	1.1704	0.2815	红色
97	2007-01-31	1.9850	0.0193	1.0948	0.2045	红色
98	2007-02-28	1.9178	0.0184	1.0270	0.1362	红色
99	2007-03-30	1.8793	0.0179	0.9872	0.0951	红色
100	2007-04-30	1.7638	0.0166	0.8589	-0.0460	黄色
101	2007-05-31	1.7908	0.0167	0.8625	-0.0657	黄色
102	2007-06-29	1.7824	0.0165	0.8483	-0.0858	黄色
103	2007-07-31	1.7908	0.0164	0.8460	-0.0988	黄色
104	2007-08-31	1.7954	0.0163	0.8434	-0.1086	黄色
105	2007-09-28	1.8271	0.0165	0.8595	-0.1080	黄色
106	2007-10-31	1.8094	0.0162	0.8406	-0.1282	黄色
107	2007-11-30	1.8650	0.0165	0.9640	0.0629	红色
108	2007-12-28	1.7526	0.0154	0.8498	-0.0529	黄色
109	2008-01-31	1.7425	0.0152	0.8357	-0.0712	黄色
110	2008-02-29	1.6576	0.0143	0.7508	-0.1559	黄色
111	2008-03-31	1.5851	0.0135	0.6774	-0.2303	黄色
112	2008-04-30	1.4938	0.0127	0.5808	-0.3321	黄色
113	2008-05-30	1.3960	0.0117	0.4758	-0.4444	黄色
114	2008-06-30	1.2727	0.0106	0.3335	-0.6057	黄色
115	2008-07-31	1.1422	0.0094	0.1809	-0.7804	黄色

续表

序号	时间区间	月累积泡沫度	累积月均值	$\sum b_i - 2\sigma$	$\sum b_i - 4\sigma$	预警信号
116	2013-07-31	1.6458	0.0091	0.3402	-0.9654	黄色
117	2013-08-30	2.0911	0.0115	0.7810	-0.5290	黄色
118	2013-09-30	2.4732	0.0135	1.1600	-0.1533	黄色
119	2013-10-31	2.7921	0.0152	1.4766	0.1611	红色
120	2013-11-29	3.1111	0.0168	1.7933	0.4756	红色
121	2013-12-31	3.3037	0.0178	2.0332	0.7628	红色
122	2014-01-30	3.2845	0.0176	2.0150	0.7454	红色
123	2014-02-28	3.2551	0.0173	1.9870	0.7189	红色
124	2014-03-31	3.2155	0.0170	1.9491	0.6827	红色
125	2014-04-30	3.1657	0.0167	1.8995	0.6334	红色
126	2014-05-30	3.0853	0.0162	1.8186	0.5519	红色
127	2014-06-30	2.9743	0.0155	1.7048	0.4353	红色
128	2014-07-31	2.8225	0.0146	1.5447	0.2668	红色
129	2014-08-29	2.6402	0.0136	1.3484	0.0565	红色
130	2014-09-30	2.4782	0.0127	1.1767	-0.1249	黄色
131	2014-10-31	2.3367	0.0119	1.0288	-0.2790	黄色
132	2014-11-28	2.2155	0.0112	0.9040	-0.4075	黄色
133	2014-12-31	2.1181	0.0107	0.8049	-0.5084	黄色
134	2015-01-30	1.8841	0.0095	0.5682	-0.7477	黄色
135	2015-02-27	1.6501	0.0083	0.3316	-0.9869	黄色
136	2015-03-31	1.5268	0.0076	0.2077	-1.1114	黄色
137	2015-04-30	1.5617	0.0077	0.2422	-1.0773	黄色

序号	时间区间	月累积泡沫度	累积月均值	$\sum b_i - 2\sigma$	$\sum b_i - 4\sigma$	预警信号
138	2015-05-29	1.5333	0.0076	0.2138	-1.1057	黄色
139	2015-06-30	1.5303	0.0075	0.2106	-1.1090	黄色
140	2015-07-31	1.5272	0.0074	0.2075	-1.1122	黄色
141	2015-08-31	1.5242	0.0074	0.2044	-1.1154	黄色
142	2015-09-30	1.5085	0.0073	0.1886	-1.1312	黄色
143	2015-10-30	1.4706	0.0071	0.1508	-1.1691	黄色
144	2015-11-30	1.4549	0.0070	0.1349	-1.1851	黄色
145	2015-12-31	1.4392	0.0069	0.1921	-1.0550	黄色
146	2016-01-29	1.3978	0.0066	0.1516	-1.0946	黄色
147	2016-02-29	1.3625	0.0064	0.1168	-1.1288	黄色
148	2016-03-31	1.3581	0.0064	0.1085	-1.1410	黄色
149	2016-04-29	1.3660	0.0064	0.1086	-1.1488	黄色
150	2016-05-31	1.3616	0.0063	0.0992	-1.1631	黄色
151	2016-06-30	1.3448	0.0062	0.0797	-1.1853	黄色
152	2016-07-30	1.3281	0.0061	0.0601	-1.2078	黄色
153	2016-08-31	1.3483	0.0062	0.0695	-1.2094	黄色
154	2016-09-30	1.3995	0.0064	0.0992	-1.2012	黄色
155	2016-10-31	1.4013	0.0064	0.0952	-1.2109	黄色
156	2016-11-30	1.3783	0.0062	0.0706	-1.2371	黄色
157	2016-12-31	1.3369	0.0060	0.0290	-1.2788	黄色

再给出以上数据的图形（如图6-18至图6-21所示）：

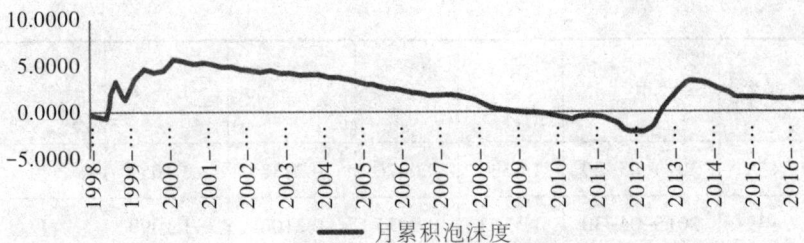

图6-18　房地产月累积泡沫度

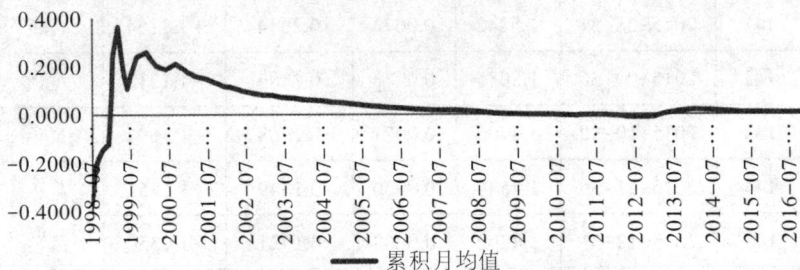

图6-19　房地产月累积泡沫度平均值

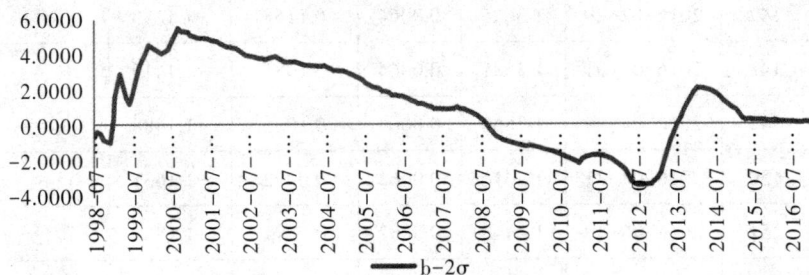

图6-20　房地产长期泡沫黄色信号 $\sum b_i - 2\sigma$

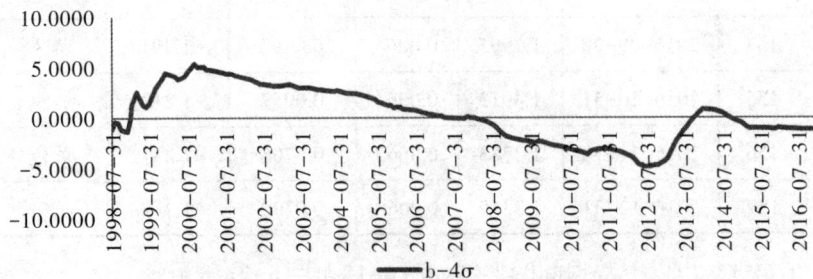

图6-21　房地产长期泡沫红色信号 $\sum b_i - 4\sigma$

接下来从短期的角度进行计算，这里的短期指等于一个月的时间周期，时间点与长期的时间周期内相对应，数据见表6-14：

表6-14　　　　　　　　房地产市场短期泡沫度结果

序号	时间区间	单月泡沫度	大于2倍	大于4倍	预警信号
1	1999/1/29	1.3288	1.304189	-2.67123	黄色
2	1999/2/27	1.3288	1.304189	-2.67123	黄色
3	1999/3/31	1.3288	1.304189	-2.67123	黄色
4	1999/7/30	0.7658	0.741243	-3.23418	黄色
5	1999/8/31	0.7658	0.741243	-3.23418	黄色
6	1999/9/30	0.7658	0.741243	-3.23418	黄色
7	1999/10/29	0.3523	0.327713	-3.64771	黄色
8	1999/11/30	0.3523	0.327713	-3.64771	黄色
9	1999/12/30	0.3523	0.327713	-3.64771	黄色
10	2000/4/28	0.0719	0.010397	-3.92815	黄色
11	2000/5/31	0.0719	0.010397	-3.92815	黄色
12	2000/6/30	0.0719	0.010397	-3.92815	黄色
13	2000/7/31	0.3994	0.337975	-3.60057	黄色
14	2000/8/31	0.3994	0.337975	-3.60057	黄色
15	2000/9/29	0.3994	0.337975	-3.60057	黄色
16	2011/1/31	0.1947	0.025067	-3.80526	黄色
17	2012/11/30	0.1757	0.062899	-3.82429	黄色
18	2012/12/31	0.1757	0.062899	-3.82429	黄色
19	2013/1/31	0.3189	0.193117	-3.68105	黄色

续表

序号	时间区间	单月泡沫度	大于2倍	大于4倍	预警信号
20	2013/2/28	0.6347	0.508906	−3.36526	黄色
21	2013/3/29	0.6347	0.508906	−3.36526	黄色
22	2013/4/26	0.5716	0.445748	−3.42842	黄色
23	2013/5/31	0.5084	0.38259	−3.49158	黄色
24	2013/6/28	0.4453	0.319433	−3.55474	黄色
25	2013/7/31	0.3821	0.256275	−3.61789	黄色
26	2013/8/30	0.4453	0.319433	−3.55474	黄色
27	2013/9/30	0.3821	0.256275	−3.61789	黄色
28	2013/10/31	0.3189	0.193117	−3.68105	黄色
29	2013/11/29	0.3189	0.193117	−3.68105	黄色
30	2013/12/31	0.1926	0.066801	−3.80737	黄色

从表6-14来看，在总共222个样本中，单月泡沫度在$b_i > 2\sigma$范围内的有30个，至少发出黄色预警信号；但都不存在$b_i > 4\sigma$范围内的情况（如图6-22、图6-23所示）。

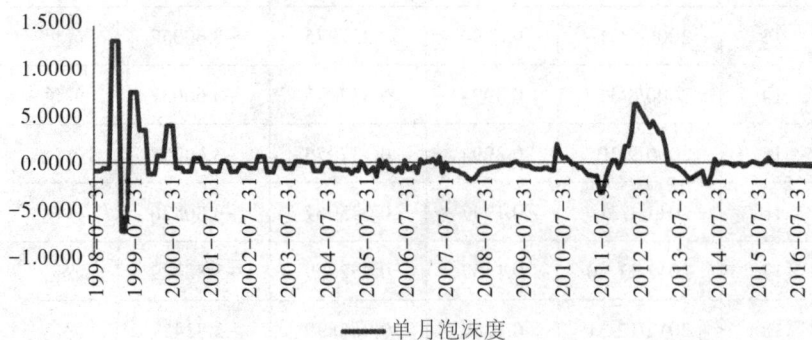

图6-22 房地产单月泡沫度

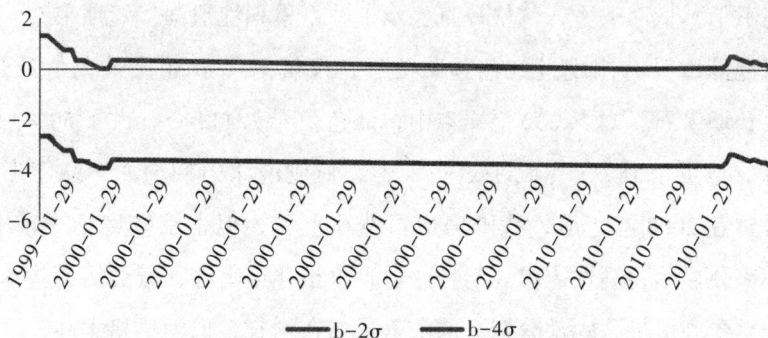

图6-23 房地产短期泡沫信号

对于房地产市场的单月泡沫度，基本上是看不出有什么泡沫情况，在222个月当中只有30个黄色预警信号，其他大部分在正常水平以下。

6.2.2 结构性资产泡沫的预警信号解析

通过上两步的实证结果，得到了非常详细的结构性资产泡沫的预警情况，以及月累积情况，接下来对上述股票市场、房地产市场的结构性资产泡沫进行预警结果的解析。

对于股票市场而言，我国股市体现出资产泡沫具有高度性、高频性、持续性等特征，从长期的累积泡沫度图形来看，在2001年、2006年、2007年、2009年、2010年、2011年、2014年、2015年均出现明显的大的泡沫程度，这与我国现实中的指数情况也相符。而从短期的单月泡沫度来看，出现黄色信号的有87个，红色的有64个，也就是股票市场存在着快涨快跌的现象，资金的流入与流出均很频繁，大部分投资者都只是追求短期利益，而不是针对公司基本情况进行长期投资。无论是在长期还是短期，国家不断进行政策变化，使得泡沫度多变，且我国股票市场仍不成熟，还待进一步完善。

对于房地产市场，短期与长期的区别很明显，房地产资产价格居高不下，长期来看，价格一直稳步上升，累积性很强。短期来看，单月泡沫度没有出现过红色预警信号，仅仅出现了 30 个黄色信号月。但长期来看，总共 222 个样本中，红色信号为 111 个，占了 50%，黄色信号更是 157 个，几乎是一大半，形成泡沫中的泡沫。从图形来看，在 2008 年之前，我国房价虽然在上涨，但上涨幅度相对较小，大部分显示为刚性需求。但在之后，价格飞速上涨，普通居民基本不能承受高房价，大部分资金的流入虽然在增长，但因价格太高，已使得小额资金不再那么积极进入房地产市场。

对于股票市场我们从长期与短期得到完全不同的结果，另外与房地产市场的结果也有很大差异，股票市场从长期来看，泡沫度在 $b_i > 4\sigma$ 范围内的并不明显，但房地产却有一半在这个范围；股票市场从短期看，泡沫度在 $b_i > 4\sigma$ 内的明显较多，但房地产市场却没有。这充分说明了我国的房地产泡沫处于一个不断累积的过程，并且在稳定地增长，越来越大。而股票市场的泡沫短期很大，但经过长时间后，这种泡沫会因为国家的经济政策或泡沫的破灭而消失，但房地产泡沫的政策却并没有什么太大的效果。

6.3 结论与政策建议

本节从两个方面进行了实证，一是对结构性资产泡沫的产生进行了实证分析，通过三步进行，二是对结构性资产泡沫的监测与预警进行实证分析，所以分别从这两个方面的实证结果进行结论的阐述。

第一是关于结构性资产泡沫产生实证分析的结论，我国经济在新的世纪飞速发展，也自然产生了更多新的现象，伴随着"脱媒"现象愈来愈突出，传统的货币数量理论及其模型已不足以揭示货币供给量与通货膨胀之间的确切关系，价格问题的研究必须从单一的产品市场价格（通货膨胀）向产品市场价格和资产市场价格（资产泡沫）方面扩展，当将实体经济中的产品也视为资产时，价格问题的研究便可统一为对资产价格体系的研究。在一个多样性的资产价格体系中，某一资产价格的形成与变动，除了取决于货币供给量及其变动外，还明显与资产结构的调整有关，无论是货币供给量的变动，还是资产结构的调整因素，其对资产价格体系的影响因素均可归结为货币资金的流向及其流速，而货币资金的流向及其流速则取决于不同资产市场对货币资金的吸引力。本书借助扩展的货币数量方程和万有引力模型，从理论和实证两个方面探讨了资产泡沫的结构性特征及其驱动因素，得到了如下基本结论：（1）在现代经济体系下，货币超发必然引发资产泡沫，至于这种资产泡沫是全局性的还是结构性的则取决于资产市场吸引力的均衡状态，只要资产市场吸引力是非均衡的，资产泡沫就一定具有结构性特征；即便货币供给总量不存在超发，资产市场吸引力的非均衡也有可能引发结构性资产泡沫；（2）如果所有资产市场的规模保持同步增长，则各资产市场收益率的排序与它对货币资金吸引力的排序保持一致，吸引力排位靠前的市场将诱发资产泡沫，而吸引力排位靠后的市场将不断萎缩，除非政府进行人为的干预，换句话说就是，为了保证经济的协调发展，产业政策是必要的；（3）在我国产品市场、股票市场和房地产市场三个市场中，产品市场对货币资金的吸引力平均水平最小，股票市场虽然均值最大，但其波动也最为显著，而房地产市场均值几乎与股票市场相当，但其稳定性也相对较高，房地产市场一直存在资金超比例净流入，而持续的资金超比例净流入将使房地产市场价格上升产生泡沫叠加性，这一点尤其值得关注；（4）我国资产市场对货币资金的吸引力与资金的流向和流速之间存在正向的变动关系，且这种正向关系在吸引力最大的市场具有正反馈效应，吸引力最大的资产市场的吸引力增加1个单位，流入该市场的货币资金增长率将增加26.17%；（5）我国资产市场对货币资金的吸引力存在集聚效应，意味着，只要吸引力的均衡被打破，市场的自我强化机制就会发生作用，结构性资产泡沫就必然会产生。

针对此项实证研究结果的相关结论，结合我国经济管理实践，给出以下几点政策建议：（1）拓展货币政策价格调节目标范围，将现行的抑制通货膨胀单一目标调整为抑制通货膨胀与预防资产泡沫过度并行的双重目标，并增强货币政策结构性调节能力；（2）建立主要资产市场（含产品市场）货币吸引力监测与预警系统，在预防结构性资产泡沫过度失衡的前提下，重点预防实体经济的空洞化；（3）适当扩大通货膨胀政策控制范围，增强产品市场对货币资金的吸引力；（4）面对当前我国房地产泡沫过于严重，股票市场资金吸引力处于相对低位的现实，在货币政策保持稳健型特征的背景下，有必要采取措施适当增强股票市场资金吸引力；（5）在货币存在超发的背景下，改变现有"头疼医头，脚疼医脚"的政策取向，变堵为疏，将政策的着力点放在提升低吸引力市场的吸引力上。

第二是对结构性资产泡沫的监测与预警的实证分析的结论与政策建议，在对这方面的实证研究中，通过分析结构性资产的资产特征，再分析结构性资产泡沫形成的内在原因，得到了结构性资产泡沫的监测与预警的方法，进一步通过房地产市场、股票市场的实证分析得到下列结果：（1）我国现在处于二元经济结构模式中，货币供给超额并不一定会带来通货膨胀，就算产生了通货膨胀，政府在制定相关政策时还要考虑到虚拟资产的过度膨胀，资产泡沫的危害性随着它占比越来越重而变得不可忽视，所以必须将资产市场的调控与管理纳入到制定经济政策的考虑对象中去；（2）通过理论分析可以看到，如果某一资产的收益率满足 $r_i > \pi + y$ 表达式时，那么这个资产就有产生泡沫的可能性，是初步关注的对象，从而应该进行监控管理；（3）资产市场的泡沫度的测定，通过资产市场引力模型与扩展的货币数量方程结合的模型进行计算，得到最终以某资产市场的当期吸引力总体的平均吸引力差的泡沫度。从计算结果来看，股票市场的短期泡沫度明显，长期被抵消，每当股票市场出现泡沫情况时，国家政策有效，或者市场泡沫自动破灭；而房地产市场的泡沫与股票市场的资产价格的泡沫不尽相同，房地产市场的泡沫经济持续上涨，长期上看来，具有叠加效应，在日积月累下，对房地产市场的泡沫控制已经到了刻不容缓的地步，从其他国家的经验上看，房地产泡沫导致的金融危机是对整个国家经济的致命打击，日本和美国的经济危机仍然值得参考。

对于这个实证结果，结合我国的当前经济情况与结构变化情况，对实证中得到的相关问题给出以下几点建议：（1）我国正处于经济结构转型的战略发展阶段，如果采取开放式的货币扩张的经济政策，必然会导致经济结构转型的过度虚拟化，加深结构性资产泡沫的产生，使得经济失衡；但是在经济处于下行阶段，也不能采用紧缩的货币政策，而应该保持平衡的货币政策，将政策的重点转移到对资金的流动方向的疏导上，使得产品市场对应的通货膨胀和资产市场对应的资产泡沫达到平衡状态，并且时刻注意资产市场内部的泡沫产生情况，以免资产流入过度，破坏结构性资产平衡状态；（2）房地产市场的价格已经涨到很严重的程度，抑制房价成了国家这几年的主要经济政策之一，但是也应看到，如果过分采取强硬措施来抑制房价，让房地产泡沫突然破灭那也有可能导致我国经济大崩盘，所以可以从资金流向这上面入手，将房地产过多的资金导向其他资产，从而使得泡沫逐渐消退，而不是破灭，避免了经济大冲击，当然如果能自然消退，那会远远强于泡沫破灭，在货币供给结构失衡的情况下，平衡资金之间的流向才是解决结构性资产泡沫的最佳方案；（3）上面已经说过，从2015 年 7 月股票市场崩溃以来，股票市场正处于资产安全水平区域，国家应该在一定程度上放开商业银行对股权投资的管理限制，增强股票市场的资金活跃性和对资金的吸引力，再加上股票市场的无限容纳能力，可以充分利用股票市场的独特特征让其发挥资金储存能力；（4）因为股票市场在中国具有高度的投机性，虽然随着这些年股票市场的发展，机制越来越成熟，监管越来越严格，但是还是有必要在这里强调，必须建立统一的金融监管体制与机构，对通货膨胀和资产泡沫进行统一协调，不论是在货币超发还是货币紧缩的情况下，都能对资金的流动方向进行很好的调控，只有统一了才能实现货币政策和资产结构相协调，随着经济的发展，商业性的金融企业已从分业经营转变为混业经营，而我国的分业监管模式却还没有进行改变，为了让我国经济更健康发展，必须与时俱进。

7

结论与展望

7.1 研究结论

本书以著名的货币数量方程为研究背景，结合我国的经济实际情况，对我国货币供给结构进行研究，通过对传统的货币数量方程进行合理分析与重新扩展，从宏观结构上得到了更符合现代经济发展要求的扩展型货币数量方程，从原来单一的经济结构层面扩展到两部门的经济结构层面，通过一系列的分析与实证，得到一些结论，总结如下：

第一，随着现代经济社会的发展，金融脱媒现象的出现，虚拟经济得到快速发展，使得货币具有了自身独立性，仅仅针对商品市场而得到的传统的货币数量方程已经无法满足当前体系的理论要求，因为在货币供给超额的情况下，通货膨胀并不会一定产生，甚至产生通货紧缩的现象。本书通过将传统货币数量方程与我国实际情况相结合，得到了扩展的货币数量方程，也就是通过在传统货币数量方程中加入占比重很大的虚拟经济，得到新的方程：$MV = PY + \sum R_i K_i$。新的货币数量方程揭示了货币供给、经济增长、通货膨胀、资产泡沫之间的关系，对新的经济现象描述得更全面，对结构性资产泡沫的产生奠定了理论基础。

第二，随着经济体系发生结构性的变化，泡沫的形式也有了多样性，实体经济对应通货膨胀，虚拟经济对应资产泡沫。资产泡沫根据资产的内在价值理论，又可以分为理性泡沫和非理性泡沫。通过对扩展的货币数量方程进行变形分析后，可以看到泡沫从原来的单一通货膨胀变成具有结构性的资产泡沫，而导致结构性资产泡沫产生的原因也不仅仅是原来的货币超额供给，因为经济的虚拟化，使得泡沫产生的原因也变得复杂。分析得到，资产泡沫的产生，主要体现在价格的快速上涨上，而价格上涨又是由资金的过度流入导致，所以资产泡沫的产生原因，实质上可以从资金流动情况进行分析。资金的本质是追求超额收益，所以研究吸引资金的主要因素就变成了对各市场收益与风险的配比关系的讨论，或者说由资金流动的驱动因素来决定。通过对收益与风险的统一，又借鉴物理学中的万有引力定律，得到了一个资产市场引力模型：$F_i = \dfrac{r_i r_f}{\sigma_i^2}$。如果某市场对资金的吸引力大，那资金就会流入该市场，而吸引力的不均衡使得资金流入不再是平衡状态，当某市场流入资金过度时，就会有可能产生集聚效应，使得资产价格进一步上涨，进而使得资产泡沫产生，从而形成结构性的资产泡沫。

第三，结构性资产泡沫的产生是在吸引力驱动因素下，由货币资金的导向流动形成的，通过将资产市场引力模型与扩展后的货币数量方程相结合，最后根据吸引力指数建立资产泡沫的测度模型。在 $r_i = \pi + y$ 基础条件下，从长期与短期的角度，对股票市场与房地产市场的泡沫度制定了相应的预警区间，当达到一定的区间时，给出相应的预警信号。

第四，根据之前的理论分析，进行了详细的实证分析，从实证分析结果来看，主要有以下几个结论：

首先是关于结构性资产泡沫产生的实证分析结论：（1）在当代经济框架中，货币供应过剩往往会导致资产价格上涨，形成泡沫。资产泡沫是否普遍出现或仅在特定领域发生，取决于资本市场对资金吸引力的平衡状况。一旦资本市场的吸引力分布不均，便会产生结构性的资产泡沫。即便货币供应没有过量，资本市场吸引力的不均衡也可能导致结构性泡沫的产生。（2）当所有资本市场规模增长一致时，其收益率与对资金的吸引力的排名通常会相吻合，那些排名较高的市场更易形成资产泡沫，而排名较低的市场可能会逐渐萎缩，除非政府采取措施进行干预。简而言之，为了确保经济均衡发展，产业政策的引导不可或缺。（3）在我国，产品市场、股票市场和房地产市场是三个主要市场。产品市场对资金的吸引力相对较低，股票市场虽然吸引力最大，但波动性也最强。房地产市场在吸引资金方面与股票市场相近，但其稳定性更高。房地产市场的资金净流入持续高于其他市场，这种过量的资金流入推动了房地产价格的持续上涨，加剧了泡沫的形成，这一点需要特别关注。（4）我国资产市场对资金的吸引力和资金的流动之间存在正相关关系，这种关系在吸引力最大的市场中尤为显著，甚至呈现出正反馈效应。例如，吸引力最大的资产市场的吸引力每增加一个单位，流入该市场的资金增长率就会增加26.17%。（5）资产市场对资金的吸引力呈现出集聚效应，这意味着一旦吸引力的平衡被打破，市场的自我强化机制便会启动，从而导致结构性资产泡沫的产生。

其次是关于结构性资产泡沫的监测与预警的实证分析结论：（1）我国现在处于二元经济结构模式中，货币的过度发行往往会催生资产价格的膨胀，这种膨胀往往带有显著的结构性特点。货币政策的调控目标除了控制通胀之外，还应该包括防止资产价格泡沫的过度膨胀。（2）通过理论分析可以看到，如果某一资产的收益率满足 $r_i >$ $\pi + y$ 表达式时，即当一个资产类别的收益率在连续三个月内超过了国内生产总值增长率与通货膨胀率之和时，这类资产就有可能催生泡沫经济。监管机构应当对此类资产市场进行紧密监控。（3）资产价格泡沫的形成有其固有的机制，这一机制可以通过资产价格指数模型来简化描述。与股票市场不同，中国的房地产市场中的泡沫现象具有长期累积的效应。目前，房地产泡沫已经达到了一个严重的水平，如果不对其实施有效控制，房价泡沫可能会对经济和金融稳定构成严重威胁。

7.2　研究展望

首先，对于结构性资产泡沫的研究在目前来看还比较少，学者们主要是对通货膨胀、宏观整体经济进行研究，但随着虚拟市场越来越大，资产泡沫对国家经济也成了主要的影响因素，结构性资产泡沫产生与破灭的危害将影响到整个国家经济的健康运行，所以为了宏观经济的稳定，对结构性资产泡沫的研究将继续进行下去，并成为一个重要的研究方向。

其次，从货币需求以及实体经济与虚拟经济相互关系的角度看，扩展的货币数量方程中新引入的部分应是独立于对于实体经济的货币需求，但如何识别这种独立性并将其分离出来，本书没有进行讨论，这便会产生口径上的不完全一致，虽然这样处理不会影响基本结论，但在后期仍需要继续对它进行完善。

再次，受数据可得性与完整性的限制，在结构性资产泡沫的实证分析中，我们只选择了最有代表性的房地产和股票两种资产，而在金融创新日新月异的今天，这种处理显然是不完善的。当然，这也为今后继续探讨诸如债券市场、黄金市场、红木市场、收藏市场、各类金融衍生品市场等预留了空间。

最后，无论是房地产泡沫，还是股票市场泡沫，都反映了我国管理层对市场缺乏统一的监管，所以必须建立统一的金融监管体制与机构，对通货膨胀和资产泡沫进行统一协调，无论是在货币超发还是货币紧缩的情况下，都能对资金的流动方向进行很好的调控，只有统一机制与机构，才能更好实现货币政策和资产结构相协调。随着经济的发展，商业性的金融企业已从分业经营转变为混业经营，而我国的分业监管模式却还没有进行改变，所以为了让我国经济更健康发展，我国的监管机制与机构必须适应经济发展的要求，对这方面的研究也可以进行了。

主要参考文献

［1］ 阿科特，迪弗斯. 行为金融学：心理、决策与市场［M］. 北京：清华大学出版社，2010：46-68.

［2］ 毕大力，刘树成. 经济周期与预警系统［M］. 北京：科学出版社，1990：78-85.

［3］ 高铁梅. 计量经济分析方法与建模：EViews应用及实例［M］. 2版. 北京：清华大学出版社，2009：156-178.

［4］ 范里安.微观经济学：现代观点［M］. 费方域，等译. 6版. 上海：格致出版社·上海三联书店·上海人民出版社，2008：238-289.

［5］ 萨克斯，拉雷恩. 全球视角的宏观经济学［M］. 费方域，等译. 上海：上海三联书店·上海人民出版社，2005：123-154.

［6］ 李腊生，翟淑萍. 现代金融投资统计分析［M］. 3版. 北京：中国统计出版社，2014：70-75.

［7］ 弗里德曼. 失业还是通货膨胀？对菲利普斯曲线的评价［M］. 张丹丹，胡学璋，译.北京：商务印书馆，1982：10-29.

［8］ 费雪. 货币的购买力［M］. 金本基，译. 北京：商务印书馆. 1931：35-42.

［9］ 奥村洋彦. 日本"泡沫经济"与金融改革［M］. 余熳宁，译. 北京：中

国金融出版社，2000：55-88.

[10] 索洛，泰勒，弗里德曼. 通货膨胀、失业与货币政策 [M]. 张晓晶，李永军，译. 北京：中国人民大学出版社，2004：29-47.

[11] 凯恩斯. 就业、利息和货币通论 [M]. 高鸿业，译.北京：商务印书馆，1999：20-31.

[12] 王子明. 泡沫与泡沫经济：非均衡分析 [M]. 北京：北京大学出版社，2002：57-89.

[13] 陈浪南，屈文洲. 资本资产定价模型的实证研究 [J]. 经济研究，2000（4）：26-34.

[14] 陈道富. 资产泡沫形成演化规律初探 [J]. 北方金融，2005（1）.

[15] 陈彦斌，郭豫媚，陈伟泽. 2008年金融危机后中国货币数量论失效研究 [J]. 经济研究，2015（4）：21-35.

[16] 陈日清，李雪增. 基于二值响应模型的房地产泡沫预警方法研究 [J]. 统计研究，2007，24（9）：85-89.

[17] 陈秋玲，薛玉春，肖璐. 金融风险预警：评价指标、预警机制与实证研究 [J]. 上海大学学报（社会科学版），2009（5）.

[18] 陈守东，杨莹，马辉. 中国金融风险预警研究 [J]. 数量经济技术经济研究，2006（7）.

[19] 陈国进，颜诚. 资产价格泡沫研究述评：实验金融学视角 [J]. 经济评论，2012（2）：146-152.

[20] 曹源芳. 我国实体经济与虚拟经济的背离关系——基于1998—2008年数据的实证研究 [J]. 经济社会体制比较，2008（6）：57-62.

[21] 成思危. 虚拟经济的基本理论及研究方法 [J]. 管理评论，2009，21（1）：3-18.

[22] 邓创，徐曼. 中国的金融周期波动及其宏观经济效应的时变特征研究 [J]. 数量经济技术经济研究，2014（9）.

[23] 戴园晨. 股市泡沫生成机理以及由大辩论引发的深层思考——兼论股市运行扭曲与庄股情绪 [J]. 经济研究，2001（4）：41-50.

[24]　杜军. 日本泡沫经济形成机理研究 [J]. 首都经济贸易大学学报，2007，9 (6)：32-35.

[25]　狄瑞鸿，徐菁. 资产泡沫与美联储的货币政策 [J]. 现代管理科学，2009 (7).

[26]　董斌，李琼. 工资水平、人口结构与资产价格泡沫 [J]. 华东理工大学学报 (社会科学版)，2014，29 (4)：50-61.

[27]　丁守海. 托宾q值影响投资了吗？——对我国投资理性的另一种检验 [J]. 数量经济技术经济研究，2006，23 (12)：146-155.

[28]　杜江，沈少波. 我国股票市场与实体经济的相关性分析 [J]. 求索，2010 (5)：27-28.

[29]　刁思聪，程棵，杨晓光. 我国信贷资金流入股票市场、房地产市场的实证估计 [J]. 系统工程理论与实践，2011，31 (4)：617-630.

[30]　葛永波，周倬君. 量化宽松货币政策的理论基础、传导渠道与逻辑效应 [J]. 现代管理科学，2012 (1).

[31]　葛扬，陈崇. 中国房地产市场供给结构与价格泡沫关系研究——基于var模型的脉冲响应分析 [J]. 中国经济问题，2011 (2)：86-96.

[32]　高铁梅，孔宪丽，刘玉. 中国钢铁工业景气指数的开发与应用研究 [J]. 中国工业经济，2003 (11).

[33]　葛新权. 泡沫经济计量模型研究与应用 [J]. 数量经济技术经济研究，2005，22 (5)：67-78.

[34]　何其春，邹恒甫. 信用膨胀、虚拟经济、资源配置与经济增长 [J]. 经济研究，2015 (4)：36-49.

[35]　黄名坤，薛敬孝. 日本泡沫经济的破灭与就业调整——Ramsey模型下的资产与劳动市场的相互影响 [J]. 日本研究，2002 (3)：40-44.

[36]　黄秀海，李爱喜. 基于局部多项式核估计的股市泡沫测度 [J]. 财经论丛，2010 (3).

[37]　黄磊，邹昆仑，陈普. 我国大盘蓝筹股市场是反应不足还是反应过度？——来自上海证券交易所的经验数据 [J]. 经济与管理评论，2014

(3)：121-126.

[38]　何诚颖，刘英，徐清振. 基于二阶段模型的中国股市资金流向研究 [J].
管理世界，2011（2）：16-26.

[39]　江春，司登奎，李小林. 汇率预期、中美息差及央行外汇干预对股票价
格的影响 [J]. 国际金融研究，2016，350（6）：36-51.

[40]　姜春海. 中国房地产市场投机泡沫实证分析 [J]. 管理世界，2005
（12）：71-84.

[41]　李腊生等. 多层资本市场体系资源配置与风险配置的一致性分析 [J].
商业经济与管理，2011（7）.

[42]　李腊生，翟淑萍，蔡春霞. 经济增长、通货膨胀、资产泡沫与货币政
策——基于独立性资产交易货币数量方程的分析 [J]. 经济学家，2010
（8）：54-63.

[43]　李腊生，黄孝祥，程文. "后发优势"与投资组合动态调整策略——基于
前景理论的分析与中国证券市场的经验证据 [J]. 商业经济与管理，
2016（1）：81-89.

[44]　李腊生，黄孝祥，孙茜. 投资者信息敏感度非对称性与绩差股效应 [J].
统计研究，2016，33（3）：88-96.

[45]　李腊生，陈志芳，康洁. 并购企业中的泡沫经济 [J]. 统计研究，
2016（7）.

[46]　李腊生，刘磊，李婷. 基于投资者异质性的投资组合选择与证券市场价
格 [J]. 统计研究，2013（2）：40-48.

[47]　李少育. 稳健性偏好、惯性效应与中国股市的投资策略研究 [J]. 经济
学（季刊），2013，1（12-2）：453-473.

[48]　刘兵，顾海兵. 我国粮食生产警情的确定 [J]. 中国农村经济，
1993（3）.

[49]　刘博，皮天雷. 惯性策略和反转策略：来自中国沪深 A 股市场的新证据
[J]. 金融研究，2007（8）：154-166.

[50]　刘骏民，伍超明. 虚拟经济与实体经济关系模型——对我国当前股市与

实体经济关系的一种解释 [J]. 经济研究，2004（4）：60-69.

[51] 刘慧凤. 论会计在实体经济与虚拟经济互动中的传导作用 [J]. 会计研究，2012（6）：32-37.

[52] 刘洋. 虚拟经济与实体经济背离对现代金融危机的影响研究 [J]. 经济问题，2015（1）：23-26.

[53] 刘志彪. 实体经济与虚拟经济互动关系的再思考 [J]. 学习与探索，2015（9）：82-89.

[54] 刘昌黎. 关于虚拟经济的理论思考 [J]. 经济学动态，2009（11）：33-37.

[55] 刘堃，巴曙松，任亮. 中国信用风险预警模型及实证研究——基于企业关联关系和信贷行为的视角 [J]. 财经研究，2009，35（7）：13-27.

[56] 鲁晓琳，董志，郭琨. 经济虚拟化对经济增长和通货膨胀的影响 [J]. 上海经济研究，2016（10）：3-11.

[57] 李超. 21世纪美国金融风险动态演进研究——基于虚拟经济与实体经济分形运行的维度 [J]. 求索，2012（2）：29-31.

[58] 卢杰. 中国现代金融危机预警的理论与模型 [J]. 甘肃社会科学，2015（1）：239-243.

[59] 罗来军，蒋承，王亚章. 融资歧视、市场扭曲与利润迷失——兼议虚拟经济对实体经济的影响 [J]. 经济研究，2016（4）：74-88.

[60] 罗良清，龚颖安. 虚拟经济的本质及影响实体经济的机理 [J]. 江西财经大学学报，2009（2）：5-9.

[61] 鲁桂华，皮舜. 商业银行行为与资产市场泡沫——一个基于中国制度背景的均衡模型 [J]. 财经研究，2005（2）.

[62] 裴桂芬，马文秀. 战后日本的资产税改革和泡沫经济形成 [J]. 日本问题研究，2007（3）.

[63] 李梦雨. 中国金融风险预警系统的构建研究——基于K-均值聚类算法和BP神经网络 [J]. 中央财经大学学报，2012（10）：27-32.

[64] 林伯强. 外债风险预警模型及中国金融安全状况评估 [J]. 经济研究，

2002（7）：14-23.

[65] 李梦玄，曹阳. 我国房地产市场泡沫的测度及成因分析——基于行为金融理论的视角 [J]. 宏观经济研究，2013（9）：86-91.

[66] 吕江林. 我国城市住房市场泡沫水平的度量 [J]. 经济研究，2010（6）.

[67] 吕江林，曾鹏. 中国股票市场泡沫度量——基于流通股内在价值分析 [J]. 广东金融学院学报，2012（6）.

[68] 陆蓉. 我国股票市场对政策信息的不平衡性反应研究 [J]. 经济学（季刊），2004，3（2）：319-330.

[69] 刘莉亚，任若恩. 银行危机与货币危机共生性关系的实证研究 [J]. 经济研究，2003（10）：40-49.

[70] 凌星光. 日本泡沫经济形成的原因及后果 [J]. 世界经济，1993（9）：78-79.

[71] 李腊生，耿晓媛. 我国股票市场交易机制设计 [J]. 投资研究，2012（9）.

[72] 梅新育. 警惕资产泡沫危害实体经济 [N]. 广州日报，2011-11-23（2）.

[73] 马若微，张娜. 我国股票市场投资者情绪SENT指数的构建——基于上证A股公司的面板数据 [J]. 中央财经大学学报，2015（7）：42.

[74] 毛有碧，周军. 股市泡沫测量及性质区分 [J]. 金融研究，2007（12）.

[75] 马锦生，何自力. 论金融危机和资本主义基本矛盾的内在联系 [J]. 经济问题探索，2013（4）.

[76] 平新乔，陈敏彦. 融资、地价与楼盘价格趋势 [J]. 世界经济，2004（7）：3-10.

[77] 彭恒文. 资产价格泡沫早期纠正措施及早期预警制度的构建：日本案例 [J]. 金融发展研究，2012（12）.

[78] 潘国陵. 股市泡沫研究 [J]. 金融研究，2000（7）：71-79.

[79] 帅勇. 资本存量货币化对货币需求的影响 [J]. 中国经济问题，2002（3）：30-35.

[80] 孙伟, 扈文秀. 基于R-B模型的房地产泡沫 [J]. 预测, 2008 (4).

[81] 陶玲, 朱迎. 系统性金融风险的监测和度量——基于中国金融体系的研究 [J]. 金融研究, 2016 (6): 18-36.

[82] 伍超明. 货币流通速度的再认识——对中国1993—2003年虚拟经济与实体经济关系的分析 [J]. 经济研究, 2004 (9): 36-47.

[83] 伍超明. 虚拟经济与实体经济关系研究——基于货币循环流模型的分析 [J]. 财经研究, 2004, 30 (8): 95-105.

[84] 伍超明. 虚拟经济与实体经济关系模型——对经常性背离关系的论证 [J]. 上海经济研究, 2003 (12): 18-25.

[85] 伍志文. 货币供应量与物价反常规关系: 理论及基于中国的经验分析——传统货币数量论面临的挑战及其修正 [J]. 管理世界, 2002 (12): 15-25.

[86] 伍志文. "中国之谜"——文献综述和一个假说 [J]. 经济学 (季刊), 2003 (4).

[87] 伍志文. "中国之谜": 理论及基于中国的经验分析 [J]. 财经研究, 2003, 29 (1): 27-34.

[88] 伍志文. 货币供应量与物价反常规关系的深层原因探讨——基于不确定性理论的分析 [J]. 改革, 2003 (3): 79-84.

[89] 伍志文. 中国金融脆弱性分析 [J]. 经济科学, 2002 (3): 5-13.

[90] 吴晶妹. 评货币政策的中介目标——货币供应量 [J]. 经济评论, 2002 (3): 78-80.

[91] 史建平, 高宇. KLR金融危机预警模型研究——对现阶段新兴市场国家金融危机的实证检验 [J]. 数量经济技术经济研究, 2009 (3): 106-117.

[92] 王春丽, 胡玲. 基于马尔科夫区制转移模型的中国金融风险预警研究 [J]. 金融研究, 2014 (9): 99-114.

[93] 王爱俭, 兰莉, 林楠. 虚拟经济与实体经济协调发展下汇率调控 [J]. 经济学动态, 2009 (6): 27-33.

[94]　文春晖，任国良. 虚拟经济与实体经济分离发展研究——来自中国上市公司2006—2013年的证据 [J]. 中国工业经济，2015（12）：115-129.

[95]　吴世农，吴超鹏. 盈余信息度量、市场反应与投资者框架依赖偏差分析 [J]. 经济研究，2005，（2）：54-62.

[96]　徐国祥，檀向球. 我国证券市场系统性风险测定及其实证研究 [J]. 统计研究，2002（5）37-40.

[97]　徐爱农. 中国股票市场泡沫测度及其合理性研究 [J]. 财经理论与实践，2007（1）.

[98]　余壮雄，杨扬. 市场向西、政治向东——中国国内资本流动方向的测算 [J]. 管理世界，2014（6）：53-64.

[99]　谢国忠. 中国资产泡沫的问题研究 [J]. 国际金融研究，2010（1）.

[100]　易纲. 转型中的中国货币政策——《货币数量、利率调控与政策转型》序言 [J]. 中国发展观察，2016（9）：58-58.

[101]　ATUSHIISHKAWA，KOICHIROKAMADA，KAZUTOSHIKAN，et al. The financial activity index [J]. Working Paper of Bank of Japan，2012（4）.

[102]　ALESSIL，DETKEN C. Real time early warning indicators for costly asset price boom/bust cycles：a role for global liquidity [R]. ECB Working Paper，European Central Bank，2009.

[103]　AGNELLO，SCHUKNECHT. Booms and busts in housing markets：determinants and implications [J]. Hous.Econ，2005（20）：171-190.

[104]　AYRES R U. The bubble economy：is sustainable growth possible? [M]. Cambridge：The MIT Press，2014.

[105]　BRENNER R. The boom and the bubble：the Us in the world economy [J]. Perspectives in Biology & Medicine，2002，42（3）：333-355.

[106]　BRAD M BARBER，TERRANCEODEAN. Boy will be boys：gender，overconfidence，and common stock investment [J]. The Quarterly Journal of Economics，2001.（1）：261-292.

[107]　BLANCHFLOWER D G，CONALL MAC COILLE. The formation of inflation

expectations: an empirical analysis for the UK [J]. Early Scienc e & Medicine, 2009, 7 (1): 1-30.

[108] BARBERIS, NICHOLAS, MING HUANG, et al. Prospect theory and asset prices [J]. Quarterly Journal of Economics, 2001, 116 (1): 1-53.

[109] CHANG Z, WEN Z. An analysis of stock market scale effect of based on quantile regression [J]. Journal of Xinjiang University of Finance & Economics, 2014, 59 (2): 11-15.

[110] CHENG C S A, ESHLEMAN J D. Does the market overweight imprecise information? evidence from customer earnings announcements [J]. Review of Accounting Studies, 2014, 19 (3): 1125-1151.

[111] CRAMA Y, SCHYNS M. Simulated annealing for complex portfolio selection problems [J]. Euopean Journal of Operational Research, 2003, 150 (3): 546-571.

[112] DE GIORGI E, HENS T. Making prospect theory fit for finance [J]. FinancialMarkets and Portfolio Management, 2006, 20 (3): 339-360.

[113] DENG X T, LI Z F, WANG S Y. A minimax portfolio selection strategy with equilibrium [J]. European Journal of Operational Research, 2005, 166 (1): 278-292.

[114] DEGUTIS A, NOVICKYTÉ L. The efficient market hypothesis: a critical review of literature and methodology [J]. Ekonomika, 2014, 92 (2): 7-19.

[115] DIETER GERDESMEIER, et al. Asset price misalignments and the role of money and credit [J]. International Finance, 2009, 13 (3): 377-407.

[116] FAMA E F. The behavior of stock market prices [J]. Journal of Business, 1965, 38 (1): 34-105.

[117] GEORGE T, HWANG C Y. The 52-week high and momentum investing [J]. Journal of Finance, 2004, 59 (5), 2145-2176.

[118] GRIGALIUNIENE Z. Inverstor sentiment, overreaction and underreaction in

stock market [J]. Studies in Modern Society, 2013 (7).

[119] HILLINGER C, SÜSSMUTH B, SUNDER M.The quantity theory of money: valid only for high and medium inflation? [J]. Applied Economics Quarterly, 2015, 61 (4): 315-329.

[120] KAHNEMAN D, TVERSKY A. Prospect theory: an analysis of decision makingunder risk [J]. Econometrica, 1979, 47 (2): 263-291.

索引